TESSLOFFS illustrierte BIBLIOTHEK

Das Leben

Pflanzen • Tiere • Menschen

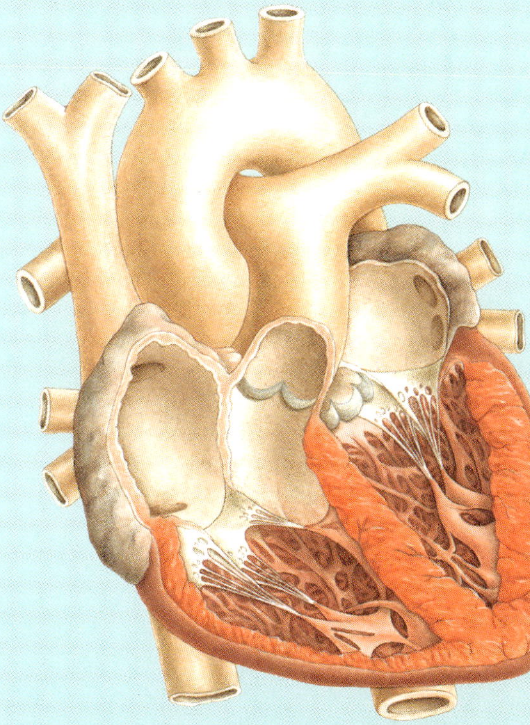

Tessloff

Konzipiert und herausgegeben von Nicholas Harris, Joanna Turner and Claire Aston, Orpheus Books Ltd

Text Steve Parker BSc Scientific Fellow of the Zoological Society

Illustratoren Susanna Addario, Mike Atkinson, Graham Austin, Andrew Beckett, John Butler, Martin Camm, Malcolm Ellis, Simone End, Elisabetta Ferrero, Giuliano Fornari, Andrea Ricciardi di Gaudesi, Ian Jackson, Janos Marffy, Shane Marsh, Malcolm McGregor, Lee Montgomery, David More, Nicki Palin, Andie Peck, Alessandro Rabatti, Eric Robson, Claudia Saraceni, Peter David Scott, Richard Tibbitts, Mark Wilkinson, Debra Woodward, Martin Woodward, David Wright

Übersetzung Christel Wiemken

Lektorat (deutsche Ausgabe) Sabine Stauber

ISBN 3-7886-1295-9

Gedruckt und gebunden in Singapur

Photo auf Seite 53: Alex Bartel/Science Photo Library; auf Seite 58: The Illustrated London News Picture Library

INHALT

LEBEWESEN

PFLANZEN

TIERBIOLOGIE

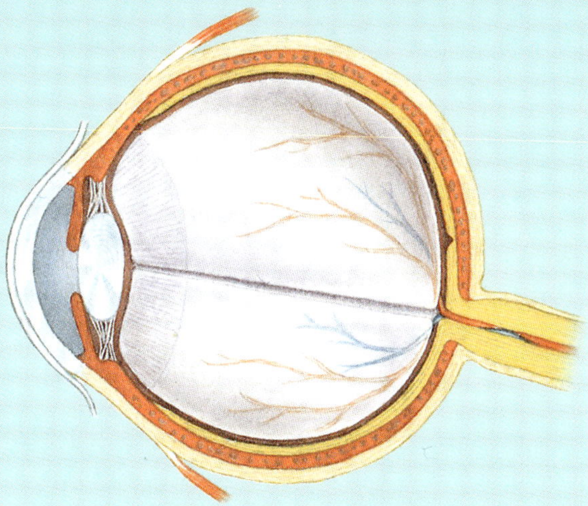

ÜBERLEBENSSTRATEGIEN

DER MENSCHLICHE KÖRPER

WAS IST LEBEN?

SIEH DIR DEINE Umgebung an. Vielleicht siehst du Wände, Fenster, Tische, Stühle und ähnliche Gegenstände oder auch Autos, Maschinen und andere Geräte. Vielleicht entdeckst du auch andere Menschen, Haustiere und Pflanzen. Was von alledem ist lebendig? Wahrscheinlich kannst du auf den ersten Blick sagen, ob etwas lebendig ist oder nicht. Ein Hund zum Beispiel ist ein Lebewesen, ein Buch aber nicht.

Aber wie kannst du genau feststellen, ob etwas lebendig ist? Ein Hinweis darauf ist die Bewegung: Menschen und Tiere bewegen sich. Sogar bei einer schlafenden Katze bewegt sich beim Atmen der Brustkorb. Aber ein Roboter bewegt sich auch, aber er ist kein Lebewesen! Pflanzen scheinen sich nicht zu bewegen und sind trotzdem lebendig. Und die Atmung? Schnecken und Pflanzen in einem Aquarium atmen nicht sichtbar; trotzdem sind sie Lebewesen. Der Große Panda (*oben rechts*) ist nur eine Abbildung; du weißt aber, dass ein echter Panda lebendig ist. Woher weißt du das?

Marienkäfer

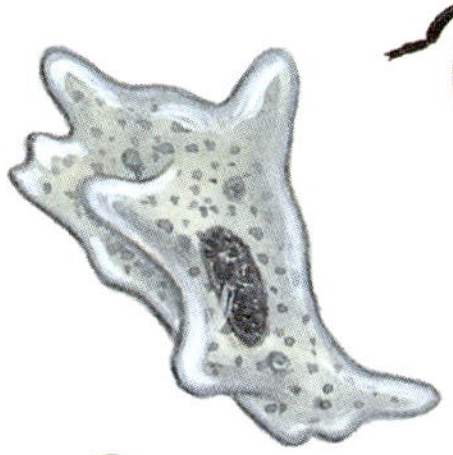

Amöbe

Mammutbaum

Coelophysis-Dinosaurier

Mensch

Lebewesen sehen sehr unterschiedlich aus. Manche, wie die Amöbe, sieht man nur unter dem Mikroskop. Andere kleine Lebewesen, wie den Marienkäfer, kann man mit einer Lupe genau betrachten. Mammutbäume sind riesig. Auch die Dinosaurier, die vor Millionen von Jahren ausgestorben sind, waren sehr groß. Wir Menschen gehören auch zu den Lebewesen.

Lebewesen werden **Organismen** genannt. Mehrere Merkmale kennzeichnen einen lebendigen Organismus: Erstens entwickelt er sich, wobei er seine Form verändert und größer wird. Zweitens werden in seinem Innern bestimmte chemische Stoffe von einer Form in eine andere umgewandelt, wobei Energie verbraucht wird. Drittens muss ein Organismus Nährstoffe aufnehmen, damit er daraus Energie gewinnen und wachsen kann. Und viertens pflanzt er sich fort – er bringt weitere Lebewesen seiner Art hervor.

DER URSPRUNG DES LEBENS

Wie hat das Leben begonnen? Wissenschaftler haben herausgefunden, dass der Planet Erde vor etwa 4,6 Milliarden Jahren aus einer im Weltraum herumwirbelnden Staub- und Aschewolke entstanden ist. Anfangs waren die Gesteine der Erde viel zu heiß, um Leben zu ermöglichen. Dann kühlten sie allmählich ab, und gewaltige, Tausende von Jahren anhaltende Gewitter füllten Seen und Meere mit Wasser.

Diese Gewässer enthielten verschiedene Salze, Minerale und andere chemische Verbindungen. Irgendwann verschmolzen ein paar von ihnen – vielleicht mithilfe der auf dem ganzen Globus tobenden Gewitter. Ein paar einfache Chemikalien bildeten Klümpchen. Andere Chemikalien hängten sich daran und brachen wieder ab, um eigenständige Klümpchen zu bilden: Die ersten primitiven Lebewesen hatten sich vermehrt. Das könnte vor rund 3 Milliarden Jahren geschehen sein, und während der nächsten 2 Milliarden Jahre blieb das Leben auf dem Niveau ganz einfacher, mikroskopisch kleiner Organismen.

Kam das Leben aus dem Weltraum? Vielleicht sind kleine Organismen auf einem Meteoriten auf der Erde gelandet. Aber um die Kälte und die gefährliche Strahlung im Weltraum zu ertragen, hätten sie sehr widerstandsfähig sein müssen. Außerdem beantwortet das nicht die Frage nach dem Ursprung des Lebens.

Die frühe Erde war ein lebensfeindlicher Ort. Aus Vulkanen floss glutheißes Gestein und giftige Dämpfe stiegen auf. Heftige Gewitter setzten das Land unter Wasser und Stürme wirbelten Asche auf. Aber im Laufe von vielen Millionen Jahren kühlte sich die Atmosphäre ab. Die seichten Gewässer wurden zu einer „Ursuppe“ mit vielen Chemikalien, aus denen die ersten Lebewesen entstanden.

KLASSIFIZIERUNG DER LEBEWESEN

Um zu verstehen, wie sich die Lebewesen entwickelt haben, untersucht man die Ähnlichkeit und die Verwandtschaft von Organismen. Dazu werden sie in Gruppen eingeteilt. Früher gab es nur zwei solcher Gruppen oder Reiche: Pflanzen und Tiere. Heute unterscheidet man fünf Reiche, die unten abgebildet sind.

Die fünf Reiche der Lebewesen sind hier abgebildet und werden auf den folgenden Seiten beschrieben. Die kleinsten und einfachsten Lebewesen sind die Prokaryonten. Zu ihnen gehören die Bakterien. Sie bestehen nur aus einer Zelle, in der sich kein Kern (Kontrollzentrum) befindet. Die Protisten sind gleichfalls Einzeller, besitzen aber einen Zellkern. Pilze gewinnen ihre Energie aus toten Organismen, die sie in einfache Nährstoffe umwandeln. Pilze können mikroskopisch klein, groß, essbar oder giftig sein. Pflanzen gewinnen ihre Energie aus dem Sonnenlicht, und Tiere ernähren sich von anderen Lebewesen.

EVOLUTION

EIN FOSSIL ist das Überbleibsel eines Organismus, der vor langer Zeit lebte. Nachdem der Organismus gestorben war, wurden Teile von ihm unter Sand oder Schlamm begraben, in Gestein bewahrt und selbst in Stein verwandelt. Die haltbarsten Fossilien entstehen aus harten Körperteilen, weil sie nach dem Tod nicht so schnell verwesen und deshalb längere Zeit überdauern. Dazu gehören Knochen, Zähne, Hörner und Schalen von Tieren und Holz, Rinde und Zapfen von Pflanzen.

Fossilien verraten uns, wie Tiere, Pflanzen und andere Organismen aussahen, die vor Millionen von Jahren auf der Erde lebten. Der größte Teil von ihnen, darunter Ammoniten, Trilobiten, Dinosaurier und Mammute, ist ausgestorben. Aber andere Arten haben Millionen von Jahre überdauert; zu ihnen gehören Haie und Schildkröten. Wieder andere sind – wie der Mensch – erst vor kurzer Zeit auf der Bildfläche erschienen. Das Studium von Fossilien, Paläontologie genannt, liefert einen Teil der Beweise für die Evolution: die fortdauernde Veränderung der Lebewesen im Lauf der Erdgeschichte.

Heute gibt es auf den Hawaii-Inseln 28 Arten von Finken. Sie unterscheiden sich durch ihre Schnabelform. Die Hawaii-Inseln entstanden vor etwa 5 Millionen Jahren. Vielleicht haben Finken einer Art den Ozean überquert und sind hier gelandet. Da sie nicht mit anderen Vögeln zu konkurrieren brauchten, konnten sie das gesamte Nahrungsangebot – weiche Früchte, harte Samenkörner, Insekten und Blütennektar – nutzen, und ihre Schnäbel passten sich den verschiedenen Nahrungsquellen an. Einige Finken ließen sich auf anderen Inseln nieder und passten sich noch weiter an. Auf diese Weise ging aus einer einzigen Art eine Fülle von Arten hervor.

Weshalb gibt es Evolution? Weshalb verändern sich Lebewesen? Das Leben ist ein ständiger Kampf. Lebewesen müssen sich vor Räubern und ungünstigem Klima schützen, sie brauchen Nahrung und müssen sich fortpflanzen. Diesen Kampf ums Dasein überleben nur diejenigen, die den Umweltbedingungen am besten angepasst sind. Aber diese ändern sich im Laufe der Zeit: Eine bestimmte Nahrung kann knapp werden. Das Klima kann sich ändern. Lebewesen müssen sich veränderten Bedingungen anpassen, sonst sterben sie aus.

Die Orchideen-Fangschrecke ähnelt einer Blüte. Dadurch ist sie beim Beutefang getarnt.

Außer an Fossilien können wir die fortdauernde Evolution an heute lebenden Organismen verfolgen. Manche Tiere sind einander sehr ähnlich. Die Hawaii-Finken (*siehe links*) zum Beispiel unterscheiden sich nur in Kleinigkeiten voneinander. Sie stammen vermutlich von einer einzigen Art ab, aber ihre Schnäbel haben sich verschiedenen Nahrungsformen angepasst.

Heute gibt es den Asiatischen und den Afrikanischen Elefanten. Fossile Knochen deuten darauf hin, dass es früher noch andere Elefantenarten gab. Jede Art lebte unter bestimmten Umweltbedingungen, zum Beispiel in einer Eis- oder in einer Warmzeit. Aber als sich die Verhältnisse änderten, konnten sie sich nicht anpassen und starben deshalb aus.

Der Mensch hat weder Kiemen noch einen Fischschwanz. Aber während eines kurzen, sehr frühen Stadiums seiner Entwicklung – als Embryo im Mutterleib – hat er beides. Die Embryonen aller Wirbeltiere (das sind Tiere mit einer Wirbelsäule) sehen sich erstaunlich ähnlich, weil sie von denselben fernen Vorfahren abstammen.

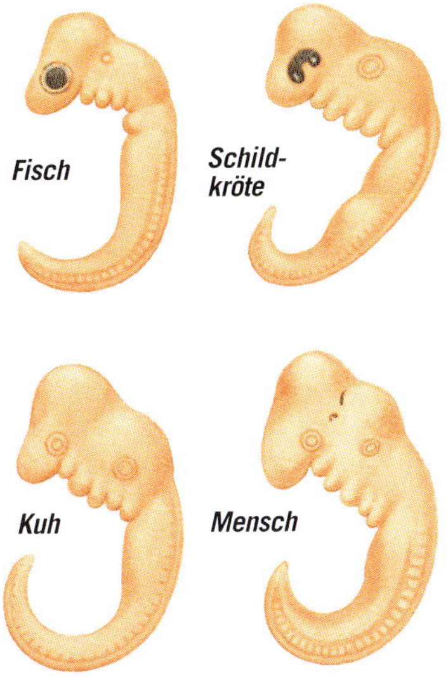

Beweise für die Evolution

Ein Embryo ist ein Lebewesen in einem sehr frühen Stadium seiner Entwicklung, zum Beispiel ein Mensch während der ersten Wochen seines Heranwachsens in der Gebärmutter seiner Mutter. In diesem frühen Stadium sieht ein menschlicher Embryo dem eines anderen Säugetiers, zum Beispiel dem eines Affen oder einer Kuh, sehr ähnlich. Er ähnelt aber auch dem Embryo eines Vogels oder dem eines Fisches. Die einfachste Erklärung für diese Ähnlichkeit liefert die Evolution: All diese Tiere stammen von einem gemeinsamen Vorfahren ab. Sie unterscheiden sich erheblich voneinander, aber sie haben Merkmale beibehalten, die sie mit ihrem Vorfahren und untereinander gemeinsam haben und die nur in einem ganz frühen Entwicklungsstadium erkennbar sind.

Natürliche Auslese

Zur Evolution kommt es durch den Prozess der natürlichen Auslese. Im Kampf ums Überleben passen sich manche Lebewesen veränderten Umweltverhältnissen besser an als andere. Sie haben die größere Chance zu überleben und sich fortzupflanzen. Wenn ihre Nachkommen diese Eigenschaften geerbt haben, können auch sie besser überleben. Diesen Prozess bezeichnet man als natürliche Auslese.

Eigenschaften, die einem Organismus bei der Fortpflanzung helfen, werden durch die Evolution verstärkt. Sein herrliches Gefieder macht einen männlichen Paradiesvogel für ein Weibchen attraktiv und verbessert damit seine Chancen, Nachkommen zu zeugen. Dieser Aspekt der Evolution wird sexuelle Auslese genannt.

Evolution durch natürliche Auslese erklärt Körpermerkmale und Verhaltensweisen von Lebewesen – sogar solche, die eher nachteilig zu sein schienen. Die langen, auffällig gefärbten Federn eines männlichen Paradiesvogels scheinen ein Nachteil zu sein. Feinde können ihn leicht entdecken, und er kann ihnen schwerer entkommen. Aber das Gefieder lockt Weibchen an, die sich mit ihm paaren, und deshalb wird dieses Merkmal an die Nachkommen vererbt.

BAKTERIEN

DIE AM WEITESTEN verbreiteten Lebewesen sind die Bakterien. Sie sind so klein, dass man sie nur unter dem Mikroskop sehen kann. Die meisten haben einen Durchmesser von 0,001 bis 0,005 Millimeter. 250 000 von ihnen hätten auf einem Stecknadelkopf Platz. Wir sind überall von Milliarden von Bakterien umgeben. Sie schweben in der Luft und leben auf eisigen Berggipfeln, im fast kochenden Wasser heißer Quellen, in dunklen Höhlen und auf dem Meeresboden. Es gibt mehr als 4000 bekannte Arten und wahrscheinlich noch viele andere, die noch nicht entdeckt wurden. Ihre Form ist sehr unterschiedlich, aber es gibt drei Haupttypen: kugelförmige Bakterien, die Kokken genannt werden, stäbchenförmige (Bazillen) und spiralförmige (Spirillen). Die meisten Bakterien vermehren sich durch Teilung.

Bakterien und andere Mikroorganismen zersetzen und verarbeiten im Boden enthaltene Nährstoffe (1). Diese Nährstoffe werden von Pflanzen aufgenommen (2). Die Pflanzen dienen Tieren als Nahrung (3). Abfälle und tote Tiere verwesen und bringen die Nährstoffe wieder in den Boden (4).

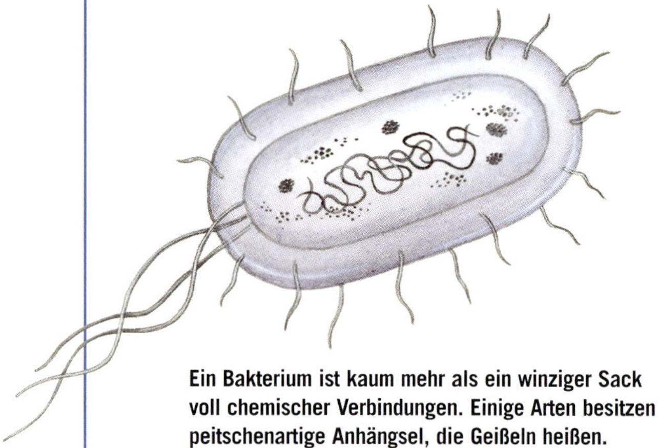

Ein Bakterium ist kaum mehr als ein winziger Sack voll chemischer Verbindungen. Einige Arten besitzen peitschenartige Anhängsel, die Geißeln heißen.

Bakterien gehören zum Reich der Prokaryonten (*siehe Seite 5*). Sie sind meist von einer Hülle, die Zellmembran genannt wird, umgeben. Innerhalb dieser befindet sich das gallertartige Zytoplasma. Darin schwimmen winzige so genannte Ribosomen, die für das Bakterium wichtige Substanzen herstellen. Im Zytoplasma schwimmt auch ein langes verschlungenes Molekül, die DNA. Auseinandergezogen wäre es mehr als 1000-mal so lang wie das ganze Bakterium. Die DNA enthält die Gene des Bakteriums und ist das „Handbuch“, das all seine Lebensvorgänge reguliert. Einige Bakterien gewinnen ihre Energie aus Licht wie auch Pflanzen das tun. Andere nehmen Nährstoffe durch ihre Zellmembran hindurch auf.

Einige Bakterien sind gefährlich. Sie dringen in andere Lebewesen, auch in Menschen, ein und verursachen Krankheiten wie Milzbrand oder Typhus. Aber die meisten Bakterien sind harmlos. Sie leben im Boden und spielen in der Natur eine wichtige Rolle, weil sie dafür sorgen, dass tote Pflanzen und Tiere verwesen (oben).

Bakterien können durch eine offene Wunde in den Körper gelangen (1). An der Eintrittsstelle werden sie von weißen Blutzellen (2) angegriffen.

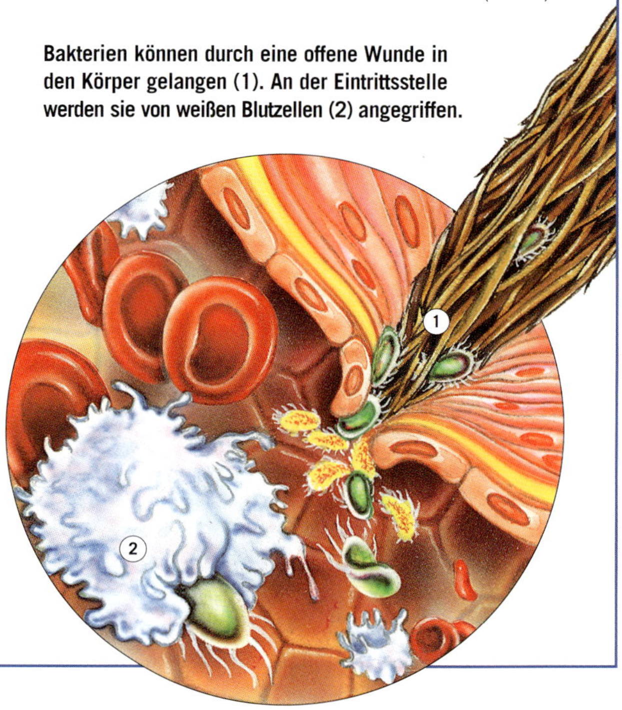

VIREN

VIREN SIND besonders klein und keine Lebewesen im eigentlichen Sinn. Sie „leben" nur im Innern eines anderen Lebewesens. Dort können sie sich vermehren. Sie dringen in eine lebende Zelle (*siehe Seite 52*), die Wirtszelle, ein und bringen diese dazu, für sie zu arbeiten und Kopien des Virus herzustellen. Dabei zerstören sie die Wirtszelle.

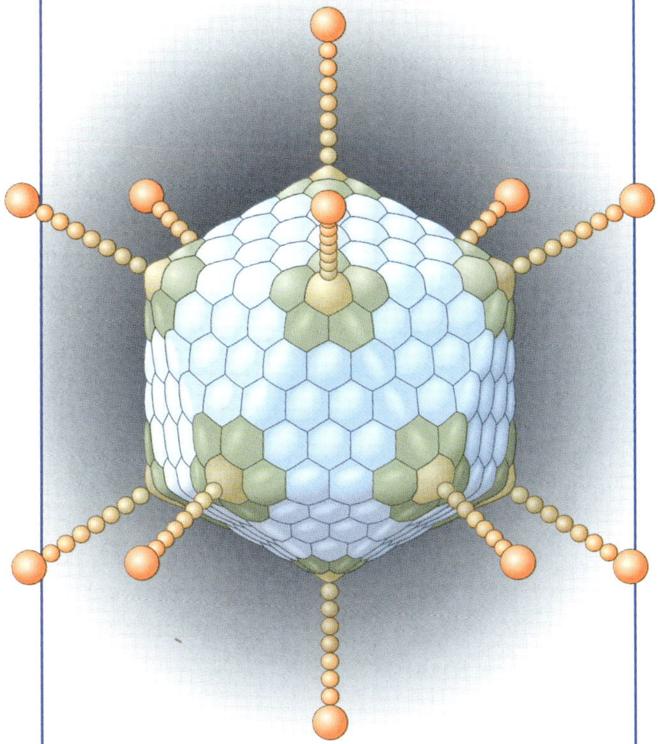

Adenoviren sind so klein, dass 10 Millionen auf den Punkt am Satzende passen. Sie verursachen Grippe und Erkältungen und haben eine aus dreieckigen Segmenten zusammengesetzte Eiweißhülle.

Ein typisches Virus besitzt eine Hülle aus Eiweißverbindungen. Darunter liegt das genetische Material, oft DNA. Viren können die Form von Ziegelsteinen, Golfbällen, Stangen und sogar Raketen haben. Viele können außerhalb einer Wirtszelle Jahre überdauern – steif gefroren, gekocht oder in Kristalle verwandelt – und trotzdem zum Leben erwachen, wenn sie in eine geeignete Wirtszelle eindringen können. Viren verursachen Krankheiten bei Pflanzen, Tieren und Menschen. Dazu gehören Masern, Grippe und AIDS (verursacht durch das Human Immunodeficiency Virus, HIV).

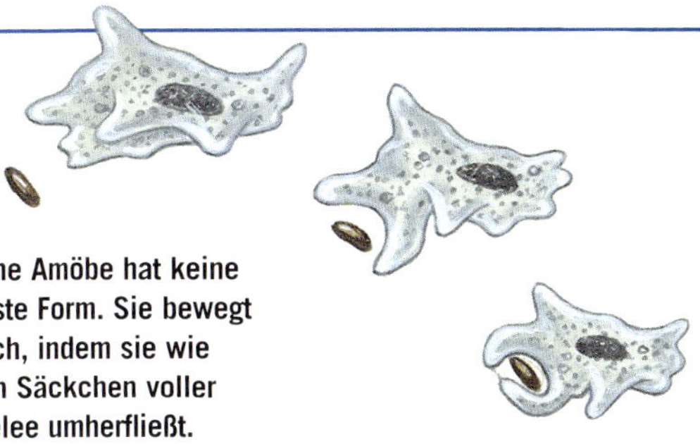

Eine Amöbe hat keine feste Form. Sie bewegt sich, indem sie wie ein Säckchen voller Gelee umherfließt.

PROTISTEN

WIE BAKTERIEN und andere Prokaryonten sind auch die Protisten mikroskopisch kleine Einzeller. Aber im Gegensatz zu den Prokaryonten besitzen sie einen Zellkern: Ihr genetisches Material (DNA) ist von einer Membran umgeben. Protisten leben überwiegend im Wasser oder an feuchten Orten. Manche gewinnen ihre Energie aus dem Sonnenlicht und nehmen die für ihr Wachstum erforderlichen Stoffe aus dem umgebenden Wasser auf. Andere schwimmen herum und verzehren Kleinstlebewesen wie zum Beispiel Bakterien.

Im Meer leben Milliarden von Protisten. Wenn sie sterben, sinken ihre winzigen Schalen ab und bilden den dichten Schlamm auf dem Meeresboden.

Manche Protisten haben eine starre Zellwand. Bei einigen Typen wie etwa den Foraminiferen und Radiolarien (oben) können diese Zellwände herrliche Formen und Muster aufweisen. Einige Protisten sind Krankheitserreger, darunter die Plasmodien, die Malaria verursachen.

PFLANZEN

NACH DEN TIEREN bilden die Pflanzen das zweitgrößte Reich der Lebewesen. Was eine Pflanze in erster Linie von anderen Organismen unterscheidet, ist ihre Fähigkeit, durch die Photosynthese (*siehe Seite 12*) Energie aus Licht zu gewinnen. Diese Art der Energiegewinnung erfolgt in den grünen Pflanzenteilen, wie zum Beispiel den Blättern. Wie bei den Tieren, zu denen von primitiven Würmern bis zu hoch entwickelten Säugetieren verschiedenste Formen zählen, gibt es auch bei den Pflanzen viele verschiedene Klassen, die man jedoch in zwei Hauptgruppen unterteilen kann: blütenlose Pflanzen und Blütenpflanzen.

Das Phytoplankton, kleinste Pflanzen in den Ozeanen, besteht aus Protisten und Algen. Es dient winzigen Tieren, dem Zooplankton, als Nahrung.

Manche Tange erreichen gewaltige Größen. Es gibt Arten wie den Riementang, der bis zu 60 Meter lang wird und unter günstigen Bedingungen mehr als einen Meter pro Tag wachsen kann. Wie Bäume auf dem Land bieten Tange vielen Tieren Schutz und Nahrung.

Farne können mit wenig Licht auskommen. Viele Arten wachsen in Wäldern im Schatten hoher Bäume.

BLÜTENLOSE PFLANZEN

Die primitivsten unter den blütenlosen Pflanzen sind die **Algen**. Fast alle Arten leben im Wasser. Aber einige, wie zum Beispiel *Pleurococcus*, wachsen als grüner Belag auf beschatteten Baumstämmen. Fast alle Seetange und einige Arten von Süßwasseralgen wie das Nixenhaar, das lange, grüne Fäden bildet, gehören in diese Pflanzengruppe. Algen haben keine Wurzeln, Stängel oder Blätter, können aber stängelähnliche Gebilde und blattähnliche Auswüchse besitzen. Nährstoffe und Wasser werden durch die Oberfläche aufgenommen.

Bei den **Moosen** unterscheidet man drei Klassen: Horn-, Leber- und Laubmoose. Ein Moos bringt kleine grüne Blättchen hervor, hat aber keine Stängel und Wurzeln. Wasser und Nährstoffe werden von den Blättchen aufgenommen; deshalb sind die Moose auf feuchte Standorte angewiesen. Moose haben einen flachen Körper, der Thallus genannt wird.

Auch die **Farne** sind blütenlose Pflanzen. Ein Farn hat Wurzeln, die dem Boden Wasser und Nährstoffe entziehen, und steife Stängel, die seine vielfach verzweigten Wedel tragen. Wie in den Stängeln von Blütenpflanzen gibt es auch in denen der Farne winzige Röhrchen zum Transport von Wasser und Nährstoffen von den Wurzeln in die Wedel. Pflanzen mit solchen Röhrchen werden Gefäßpflanzen genannt.

All diese blütenlosen Pflanzen vermehren sich mithilfe winziger, staubfeiner Sporen, aus denen neue Pflanzen wachsen. Im Gegensatz dazu vermehren sich die Nadelbäume oder **Koniferen** (Gymnospermen oder Nacktsamer) durch Samen, die sich in harten, schuppigen Gebilden (Zapfen) bilden. Zu den Nadelbäumen gehören Tannen, Fichten, Kiefern, Lärchen, Zedern und Zypressen.

Riesen-Mammutbaum

Magnolie

Die ersten Pflanzen waren vermutlich kleine, primitive Algen. Die ersten Landpflanzen entwickelten sich vor rund 400 Millionen Jahren, und vor etwa 200 bis 120 Millionen Jahren waren Koniferen die häufigsten Landpflanzen. Dann erschienen die ersten Blütenpflanzen, die den Magnolien ähnelten, und bald hatten die Blütenpflanzen das Land erobert.

BLÜTENPFLANZEN

Die Blüten der Blütenpflanzen (Angiospermen oder Bedecktsamer) sind Fortpflanzungsorgane. Die Blüten bringen Samen hervor, aus denen unter geeigneten Umständen neue Pflanzen hervorgehen, wie auf den folgenden Seiten erläutert. Blütenpflanzen sind neben den Tangen in den Meeren und den Koniferenwäldern in kälteren Regionen eine der größten Pflanzengruppen der Welt. Zu den Blütenpflanzen gehören Süß- und Riedgräser, Wild- und Gartenblumen, Kräuter und die meisten Bäume und Sträucher (mit Ausnahme der Koniferen). Es gibt ungefähr 260 000 Arten von Blütenpflanzen, aber nur etwa 550 Koniferen-, 11 000 Farn-, 23 000 Moos- und rund 12 000 Algenarten.

Alle Koniferen sind Bäume oder Sträucher. Die meisten Arten haben lange, schmale Blätter (Nadeln), die im Herbst nicht abfallen. Deshalb sind sie immergrün. Auch das größte Lebewesen der Erde, der Riesen-Mammutbaum, der mehr als 2 000 Tonnen wiegen kann, gehört zu den Koniferen.

Palmen wachsen in den Tropen. Die Dattelpalme wird bis zu 30 Meter hoch und 200 Jahre alt.

Krokus

Butterblume

Die Blütenpflanzen werden nach der Zahl ihrer Keimblätter (Kotyledonen) in zwei Gruppen unterteilt. Monokotylen haben nur ein Keimblatt; zu ihnen gehören Palmen, Gräser und einige Blütenpflanzen wie Krokusse und Orchideen. Alle anderen Blumen, Sträucher und Bäume sind Dikotylen mit zwei Keimblättern. Die Keimblätter sind nährstoffreiche Gebilde, die den aus dem Samen hervorgehenden Keimling ernähren.

WIE PFLANZEN LEBEN

EINE PFLANZE sieht vielleicht nicht sehr aktiv aus, aber in ihren Zellen laufen Tausende von chemischen Vorgängen ab. Wie der Körper eines Tieres besteht auch der einer Pflanze aus vielen, auf bestimmte Aufgaben spezialisierten Teilen. Die Wurzeln holen Wasser, Minerale, Salze und andere Substanzen aus dem Boden. Die steifen Stängel halten den Hauptteil der Pflanze aufrecht und heben ihn hoch. Dadurch kann er nicht von kleinen Tieren auf dem Boden gefressen werden. Außerdem bekommt er auf diese Weise mehr Sonnenlicht.

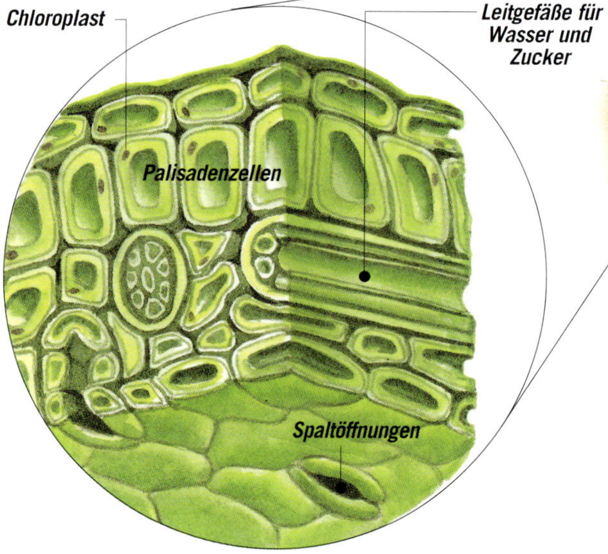

In die Palisadenzellen im oberen Teil eines Blattes sind zahlreiche Klümpchen eingebettet, die Chloroplasten genannt werden. Sie enthalten das für die Photosynthese nötige Chlorophyll.

Die Blätter einer Pflanze könnte man als „mit Licht betriebene Nährstofffabriken" bezeichnen. Damit so viel Licht wie möglich auf sie fallen kann, sind sie breit und flach. Ein grüner Farbstoff, Chlorophyll genannt, fängt die Lichtenergie ein und nutzt sie, um eine chemische Reaktion in Gang zu setzen. Aus dem Boden aufgenommenes Wasser und Kohlendioxid aus der Luft verbinden sich und bilden Zucker, der sehr viel chemische Energie enthält und den Pflanzen die Kraft für ihr Wachstum liefert. Dieser Prozess wird **Photosynthese** genannt, was „Herstellen mit Licht" bedeutet.

Das Kohlendioxid für die Photosynthese ist in der Luft enthalten. Es gelangt durch winzige Spaltöffnungen an der Unterseite des Blattes in die Pflanze. Außer Zucker wird bei der Photosynthese auch Sauerstoff erzeugt, der in die Luft entweicht. Viele Lebewesen, auch wir, brauchen Sauerstoff. Die Pflanzen tragen dazu bei, dass die Luft immer genug Sauerstoff enthält.

Die Venusfliegenfalle wächst in Böden, die nur wenige Minerale und Nährstoffe enthalten. Sie erhält zusätzliche Nährstoffe, indem sie kleine Tiere einfängt, sie auflöst und ihre gelösten Stoffe aufnimmt.

BLÜTEN UND POLLEN

Die Blüten einer Pflanze dienen der Fortpflanzung – sie bringen den Samen hervor, aus dem eine neue Pflanzen wächst. Eine typische Blüte enthält männliche und weibliche Organe. Die männlichen Organe produzieren winzige gelbe Körner, die Pollen genannt werden. Jedes Pollenkörnchen enthält eine männliche Zelle. Pollen wird in so genannten Staubbeuteln gebildet, die am oberen Ende von Staubfäden sitzen. Die weiblichen Zellen befinden sich im Fruchtknoten, einem Organ im Blütenboden. Aus ihm ragt der Griffel mit der Narbe heraus. Pollen aus den Staubbeuteln einer Pflanze muss auf die Narbe einer anderen Pflanze der gleichen Art gelangen, damit sich männliche und weibliche Zellen vereinigen und Samen entsteht.

Bei der Befruchtung von Blüten helfen viele Tiere, darunter Vögel, Insekten und kleine Säugetiere. Wie auch andere Tiere trinkt der Honigbeutler den süßen Nektar oder „Honig" der Blüte.

Die Übertragung von Pollen wird Bestäubung genannt. Manche Pollen werden vom Wind verbreitet. Andere sind klebrig und haften an Tieren. Um diese anzulocken, haben Blumen bunte Blüten; sie duften und sondern den süßen Nektar ab. Wenn Tiere Nektar trinken, bleiben Pollen an ihnen kleben. Sie befördern die Pollen auf die Narbe der nächsten Blüte. Aus dem Pollenkorn senkt sich ein Schlauch durch den Griffel in den Fruchtknoten, und die männliche Zelle gleitet durch diesen Schlauch zu einer weiblichen hinab.

Unter dem Mikroskop erkennt man an einem Pollenkorn Furchen, Dorne und andere Merkmale. Die Pollenform ist bei jeder Pflanze anders.

Die Fortpflanzungsorgane befinden sich meist im Zentrum einer Blüte. Manche Blüten haben nur männliche oder nur weibliche Organe. Die bunten Blüten locken Insekten an, die den Pollen verbreiten.

SAMEN UND FRÜCHTE

NACHDEM männliche Pollen die weiblichen Organe einer Blüte erreicht haben (*siehe Seite 13*), vereinigt sich die männliche mit der weiblichen Zelle. Die äußeren Teile der Blüte werden jetzt nicht mehr gebraucht. Sie verwelken, und an ihre Stelle treten die Samen. In der Regel ist ein Same am Anfang seiner Entwicklung von einem Nahrungsspeicher in einer Hülle umgeben. Manche Pflanzen wie die Orchideen bringen Tausende von Samen hervor. Eine Weizenähre ist ein Samenstand mit Körnern, die wir zu Mehl verarbeiten.

Früchte können sehr unterschiedlich aussehen. Ihre Samen sind gewöhnlich klein und hart und werden Kerne genannt. Manche Samen sind jedoch weich und fleischig wie etwa die Erbsen in einer Schote. Bei den Nüssen ist der Kern nicht von Fruchtfleisch, sondern von einer harten Schale umgeben.

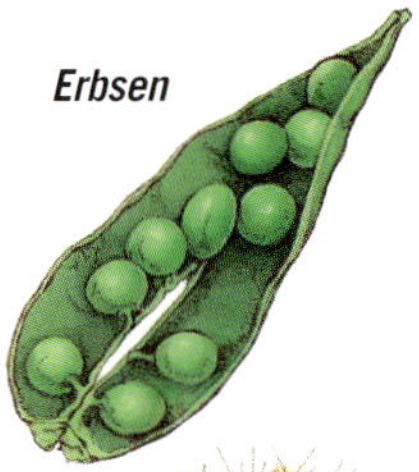
Erbsen

Edelkastanie

Apfelsine

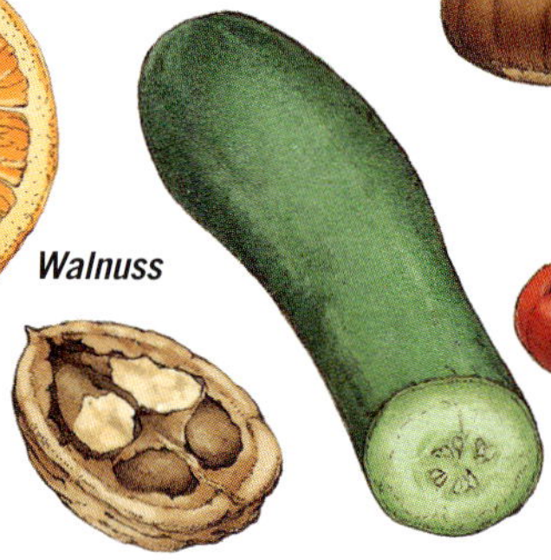
Gurke
Walnuss

Sonnenblume
Schale Kern

Kirsche

FRÜCHTE UND NÜSSE

Eine Frucht ist die schützende Hülle, die einen oder mehrere Samen umgibt. Manche Früchte sind sehr leicht, zum Beispiel die „Fallschirme" des Löwenzahns. Sie werden vom Wind verbreitet. Andere wie etwa die Kokosnüsse fallen ins Wasser und schwimmen davon. Kleine Nüsse werden von Tieren geknackt, damit sie die Kerne fressen können, aber dabei lassen sie auch einige fallen. Ein Eichhörchen vergräbt Nüsse wie etwa Eicheln, gräbt aber nur einen Teil davon wieder aus. Damit hat es praktisch neue Eichen gesät. Früchte mit saftigem, wohlschmeckendem Fleisch nennen wir Obst. Das Fruchtfleisch lockt Tiere an. Wenn Tiere die Früchte fressen, fallen die Samen herunter oder gelangen in den Verdauungstrakt, aus dem sie unbeschädigt wieder ausgeschieden werden.

Ahornsamen

Häher, ein Samen fressender Vogel

Haselsamen werden herausgeschleudert.
Eichhörnchen, ein Samen vergrabendes Säugetier

Samen werden auf viele verschiedene Arten verbreitet. Die geflügelten Ahornsamen werden vom Wind davongetragen. Vögel und Säugetiere können Samen mit ihrem Kot ausscheiden.

Samen können besser wachsen, wenn sie weit von der Elternpflanze entfernt in den Boden gelangen. Wenn sie neben ihr herabfallen, müssen sie sich die Nährstoffe mit ihr teilen und stehen in ihrem Schatten. Deshalb werden die Samen auf verschiedenen Wegen weit fortgetragen.

Blütenpflanzen vermehren sich nicht immer durch Samen. Manchmal bilden sie, wie die Erdbeeren, Ausläufer, aus denen neue Pflanzen hervorgehen. Männliche und weibliche Zellen spielen keine Rolle. Man nennt diese Form der Vermehrung ungeschlechtlich oder vegetativ.

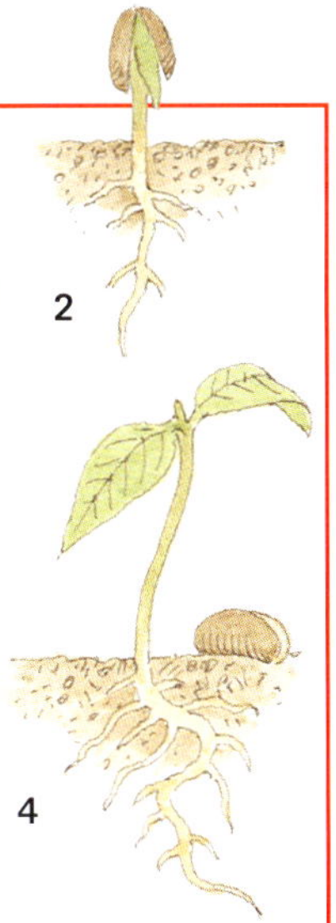

Wenn ein Bohnensame keimt, senkt sich seine Hauptwurzel in den Boden und nimmt Wasser und Nährstoffe auf (1). Der Stängel durchbricht gekrümmt den Boden und richtet sich auf (2). Die Keimblätter entfalten sich und setzen die Photosynthese in Gang (3). Die Samenhülle fällt ab, und der Stängel wächst in die Höhe (4).

Ein Same kann nur dann **keimen**, wenn bestimmte Voraussetzungen erfüllt sind. Dazu gehören Feuchtigkeit, die richtige Temperatur und vielleicht auch Dunkelheit – das heißt, der Same muss im Boden vergraben sein. Manche Samen wie die des Eisenbaums keimen erst, wenn sie von Feuer angesengt worden sind. Andere müssen vorher von Frost aufgespalten und dann erwärmt werden, das heißt, sie keimen, wenn der Winter vorbei und der Frühling gekommen ist. Wenn alle Voraussetzungen erfüllt sind, beginnt der Keimling zu wachsen. Dabei ernährt er sich anfangs von den in den Keimblättern (Kotyledonen) gespeicherten Nährstoffen. Dann platzt die Samenhülle auf, Wurzeln senken sich in den Boden hinab, und der Stängel wächst empor zum Licht.

Die größte Blüte der Welt, die in Südostasien heimische Riesen-Rafflesie, hat keine Blätter, Stängel und Wurzeln. Sie ist ein Schmarotzer und holt mit dünnen Fäden Nährstoffe aus einer anderen Pflanze, wie zum Beispiel einer Liane, heraus.

PILZE

ZU DEN PILZEN gehören nicht nur die essbaren und giftigen Ständerpilze, sondern auch Hefen und Schimmelpilze. Die Pilze bilden eines der fünf großen Reiche der Lebewesen. Sie ernähren sich, indem sie ein Netzwerk von dünnen Fäden (Hyphen) ins Gewebe von toten Pflanzen und Tieren absenken. Die Hyphen zersetzen das Gewebe und nehmen die freigesetzten Nährstoffe auf. Wie die Bakterien (*siehe Seite 8*) reichern auch die Pilze mit den in toten Pflanzen und Tieren und in tierischem Kot enthaltenen Nährstoffen den Boden an.

Im Fruchtkörper eines Ständerpilzes (1) bilden sich Sporen (2) und werden freigesetzt (3). Unter günstigen Bedingungen wächst aus einer Spore ein Faden (Hyphe) heraus (4), der Nährstoffe aufnimmt und sich zu einem ganzen Fadennetz oder Myzel auswächst.

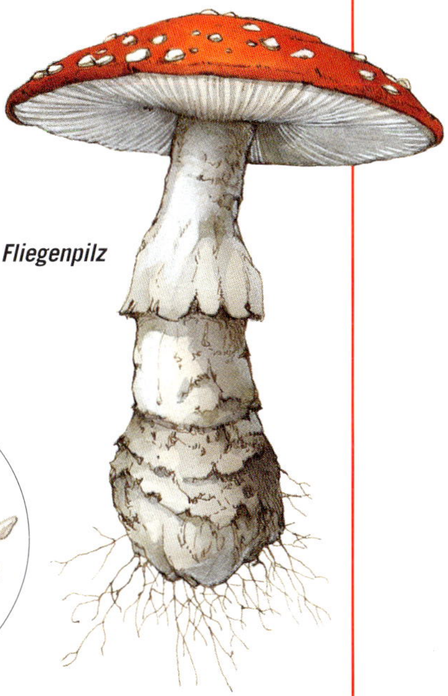

Fliegenpilz

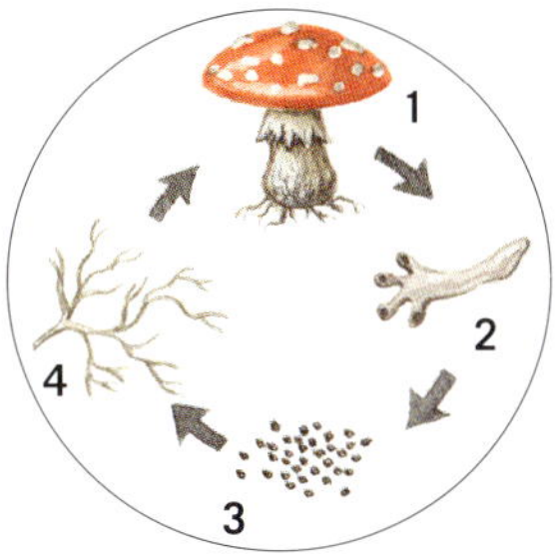

Das aus vielen Fäden bestehende Netzwerk eines Pilzes wird Myzel genannt. Es ist zumeist im Boden, im Körper eines toten Tieres oder in der Rinde eines absterbenden Baumes verborgen. Sehen können wir Pilze im Allgemeinen nur, wenn sie sich vermehren und Fruchtkörper bilden. Bei den Ständerpilzen sind diese Fruchtkörper gewöhnlich schirmförmig. Unter den Fruchtkörpern verbirgt sich das Myzel, dessen Fäden im Boden Nährstoffe zersetzen und aufnehmen. Der obere Teil des Fruchtkörpers, der Hut, setzt Millionen von winzigen Sporen frei, die vom Wind davongetragen werden.

BÄUME

EIN BAUM ist eine große Pflanze mit einem verholzten, von einer Rinde umgebenen Stamm. Es gibt zwei Hauptgruppen von Bäumen: Laubbäume und Nadelbäume (Koniferen). Die Laubbäume gehören zu den Blütenpflanzen; sie bringen Früchte mit Samen hervor. Die Nadelbäume vermehren sich mithilfe von Zapfen, zwischen deren Schuppen die Samen eingebettet sind.

Die meisten Laubbäume werfen im Herbst und in heißen Gegenden während der Trockenzeit ihre Blätter ab. Einige Laubbäume und fast alle Nadelbäume sind immergrün. Ihre Blätter fallen ebenfalls ab, aber nicht alle zur gleichen Zeit. Eine Sonderstellung nehmen die Palmen ein, die in heißen Ländern wachsen. Sie haben gewöhnlich keine Äste und nur ein paar große Blätter (Wedel) am oberen Stammende.

Bäume sind überaus wertvolle Pflanzen. Sie liefern uns Bau- und Brennholz, Medikamente, Nahrung, Papier, Kautschuk und sogar Seife und – was noch wichtiger ist – sie nehmen Kohlendioxid auf und setzen Sauerstoff frei. Damit sorgen sie dafür, dass das Gleichgewicht der Gase in der Atmosphäre erhalten bleibt.

Ein Baumstamm besteht aus mehreren Schichten. Die Außenrinde oder Borke schützt ihn vor Beschädigungen, Hitze, Kälte und Wasserverlust. Unter ihr liegt die Bastschicht, in der alle Nährstoffe befördert werden, die in den Blättern des Baumes erzeugt wurden. An sie schließt sich das Kambium, die Wachstumsschicht des Baumes, an. Darauf folgt das Splintholz oder Xylem, das das Wasser von den Wurzeln in die Blätter befördert. Das Stamminnere besteht aus hartem dunklem Kernholz. Es bildet das starke „Rückgrat" des Baumes.

In jedem Lebensjahr eines Baumes bildet seine Wachstumsschicht außen neue Rinde und innen neues Splintholz. Dadurch wird der Baum von Jahr zu Jahr dicker. Wenn du den Baumstumpf eines frisch gefällten Stammes betrachtest, siehst du, dass das jährlich hinzugekommene Splintholz Ringe gebildet hat. An der Anzahl der Ringe kannst du das Alter des Baumes ablesen.

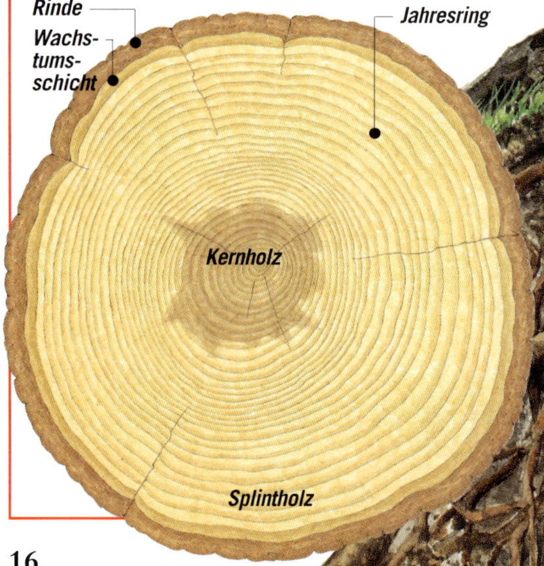

Blätter sind von einem Netzwerk von Adern durchzogen, die Nährstoffe und Wasser transportieren und ihnen Halt geben.

Wie ein Baum lebt

Wie alle Pflanzen besitzt auch ein Laubbaum Wurzeln und einen Stängel. Der Stängel ist zu einem Stamm verholzt, und seine Äste bringen Blatt- und Blütenknospen hervor. Der Stamm hält den Baum aufrecht. Äste und Zweige breiten die Blätter so aus, dass sie so viel Sonnenlicht wie möglich aufnehmen können. Die Blätter selbst sind spiralförmig angeordnet, damit sie die unter ihnen liegenden nicht beschatten. Wasser (*blauer Pfeil*) wird durch das Splintholz von den Wurzeln in die Blätter befördert. Durch die Photosynthese erzeugen die Blätter aus Wasser in Verbindung mit Sonnenlicht und Kohlendioxid aus der Luft Nährstoffe (*siehe Seite 12*). Diese Nährstoffe (*roter Pfeil*) gelangen von den Blätter in alle anderen Teile des Baumes durch die Bastschicht.

Am unteren Ende des Baumes verankert ein Netzwerk von Wurzeln den Stamm im Boden. Wurzelhaare an den Spitzen der Seitenwurzeln holen Wasser und Nährstoffe aus dem Boden. Ein großer Baum kann täglich mehrere Hundert Liter Wasser aufnehmen.

Ein Baumjahr

Wenn es Frühling wird, brechen die Blattknospen der Rosskastanie auf und die Triebe werden länger. Die Blätter entfalten sich, die Blüten erscheinen und werden befruchtet (siehe Seite 13). Im Sommer sind die Blätter voll ausgebreitet. Die Früchte, deren Same von einer stacheligen Hülle umgeben ist, reifen und fallen herunter. Im Herbst werden die Blätter gelb, weil die Nährstoffe in den Blättern abgebaut werden. An der Basis jedes Blattstiels bildet sich eine Narbe, und das Blatt fällt ab. Im Winter schützt die wasserdichte Borke den Baum, und die Knospen der Blätter und Blüten des nächsten Jahres ruhen unter Schuppen.

Bei dem für die Inder heiligen Banyanbaum neigen sich die Zweige bis auf den Boden, wo sie Wurzeln schlagen. So kann der Baum immer weiter in die Breite wachsen. Einer der größten Banyanbäume hatte einen Umfang von 600 Metern.

Ein Nadelbaum trägt Zapfen anstelle von Blüten. Zu den Nadelbäumen (Koniferen) gehören Kiefern, Tannen und Fichten. Wie diese Douglasfichte haben fast alle schmale Blätter, die Nadeln genannt werden.

Zapfen

Nadeln

ERNÄHRUNG

DAS REICH der Tiere ist bei weitem das größte der fünf Reiche der Lebewesen. Wissenschaftler kennen etwa zwei Millionen Arten, deren Größe von winzigen Würmern bis hin zu Elefanten und Blauwalen reicht. Fast ebenso viele Arten konnten noch nicht identifiziert werden, insbesondere Insekten in den tropischen Wäldern. Die Gesamtzahl der Tierarten könnte bei 10 Millionen oder noch höher liegen. Die Hauptmerkmale eines Tieres sind: Energiegewinn durch Nahrungsaufnahme und ein aus zahlreichen kleinen Einheiten, den Zellen, bestehender Körper. Die meisten Tiere können sich auch ständig oder in bestimmten Stadien ihres Lebens bewegen.

Schmetterlinge wie dieser Schwärmer fressen nicht, sondern trinken. Sie besitzen einen Saugrüssel, den sie wie einen Strohhalm ausstrecken und in eine Blüte einführen, um deren Nektar zu trinken.

Die meisten Tiere nehmen Nahrung auf. Diese gelangt durch eine Körperöffnung und wird dann verdaut, wobei verwertbare Bestandteile aus ihr herausgelöst werden. Es gibt aber auch Tierarten mit ungewöhnlicher Nahrungsaufnahme. Der Bandwurm lebt in den Eingeweiden eines anderen Tieres, wo er von bereits verdauter Nahrung umgeben ist. Er hat keinen Mund, sondern nimmt die Nährstoffe durch seine Körperoberfläche auf.

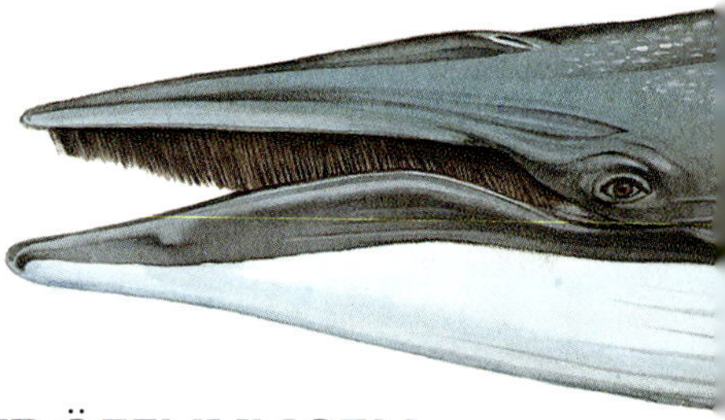

Viele Arten von Tieren, von Austern und Seelilien bis hin zu Flamingos und großen Walen, filtern ihre Nahrung aus dem Wasser heraus. In ihrem Maul oder Schnabel sitzen Haare oder Lappen, die wie ein Sieb funktionieren und mit denen sie kleine Lebewesen einfangen.

MUNDÖFFNUNGEN

Münder sind so verschiedenartig wie die Nahrung, die sie aufnehmen. Die meisten Säugetiere haben Zähne, mit denen sie Stücke von großen Brocken abbeißen und diese dann zu einem leicht schluckbaren Brei zerkauen können. Es gibt aber auch Säugetiere mit nur sehr wenigen oder gar keinen Zähnen. Ein Ameisenbär beschafft sich seine aus Ameisen und Termiten bestehende Nahrung, indem er seine lange, klebrige Zunge hervorschießen lässt, an der die Tiere dann hängen bleiben. Eine Vampir-Fledermaus hat rasiermesserscharfe Schneidezähne, benutzt sie aber nur zum Anritzen der Haut ihres Opfers. Dann leckt sie mit der Zunge sein Blut auf.

Vögel haben keine Zähne, dafür aber kraftvolle, mit Horn überzogene Schnäbel. Bei manchen Arten sind die Schnäbel lang und dünn und eignen sich zum Stochern in Ritzen und Schlamm. Andere besitzen dicke, kurze, sehr kräftige Schnäbel, die wie Nussknacker funktionieren und mit denen sie Samen und Nüsse aufbrechen können. Auch Frösche haben keine Zähne. Sie packen ihre Beute und schlingen sie im Ganzen hinunter.

Der Tiger jagt aus dem Hinterhalt. Er schleicht sich an seine Beute heran, stürzt sich auf sie und tötet sie mit einem Biss in den Nacken.

NAHRUNG

Die meisten Tiere fressen überwiegend Pflanzen oder Pflanzenteile wie Blätter, Früchte, Samen und Wurzeln. Sie werden deshalb Pflanzenfresser (Herbivoren) genannt. Andere ernähren sich hauptsächlich von anderen Tieren. Sie sind Fleischfresser oder Carnivoren. Es gibt auch Arten, die sowohl pflanzliche als auch tierische Nahrung zu sich nehmen und deshalb Allesfresser (Omnivoren) genannt werden. Einige wenige wie Mistkäfer und Krebse ernähren sich von organischen Abfällen. Sie sind Abfallfresser (Detritivoren).

Wiederkäuer wie die Hirsche haben einen vierteiligen Magen. Die Nahrung gelangt in den ersten Teil, wird dann wieder emporgewürgt und noch einmal durchgekaut.

Die Nahrung wird vom Verdauungssystem aufgespalten. Der erste Abschnitt davon ist der Magen mit seiner Muskelwand. Von dort aus wandert die Nahrung in den Darm, über den der Körper die Nährstoffe aus der Nahrung aufnimmt. Abfallstoffe werden am anderen Ende durch den After ausgeschieden.

Läuse sind Blut saugende Insekten, die als Parasiten auf größeren Tieren leben. Sie schmarotzen auf Vögeln und Säugetieren. Diese Kopflaus befällt Menschen.

RÄUBER UND PARASITEN

Ein Räuber ist ein Tier, das Jagd auf andere Tiere macht. Am bekanntesten sind die großen Arten wie Löwen, Wölfe, Krokodile und Haie (*siehe Seite 26*). Aber es gibt auch kleine und ebenso gefräßige Räuber wie Spitzmäuse, Molche, Seeringelwürmer und Schwimmkäfer.

Ein Parasit ist ein Organismus, der bei einem anderen – seinem Wirt – Nahrung oder Schutz sucht. Dabei kann er seinen Wirt schädigen, bringt ihn aber nur selten um. Zu den tierischen Parasiten gehören Flöhe, Läuse, Zecken und Bandwürmer. Die Mistel ist ein pflanzlicher Parasit und ernährt sich von anderen Pflanzen.

Teiche locken räuberische Libellen (1) und Schwimmkäfer (2) ebenso an wie Eintagsfliegen (3).

Einige Tiere fressen überhaupt nicht. Eine junge Eintagsfliege verlässt das Wasser, wirft ihre alte Haut ab und fliegt davon. Aber sie hat keinen Mund und kann deshalb nicht fressen. Sie paart sich und stirbt noch am gleichen Tag.

SINNE

DIE MEISTEN TIERE wandern auf der Suche nach Nahrung oder Partnern herum oder flüchten vor Feinden. Sie brauchen Sinnesorgane, mit denen sie registrieren können, was um sie herum passiert. Wir haben die gleichen fünf Sinne wie die Tiere (*siehe Seite 50*), wir können sehen, hören, riechen, schmecken und fühlen. Unser wichtigster Sinn ist das Sehvermögen. Im Vergleich zu denen vieler Tiere können unsere Augen mehr Details und viele Farben erkennen. Aber bei manchen Tieren sind das Sehvermögen und andere Sinne viel besser entwickelt als bei uns. Einige können sogar schon sehr schwache elektrische Impulse registrieren.

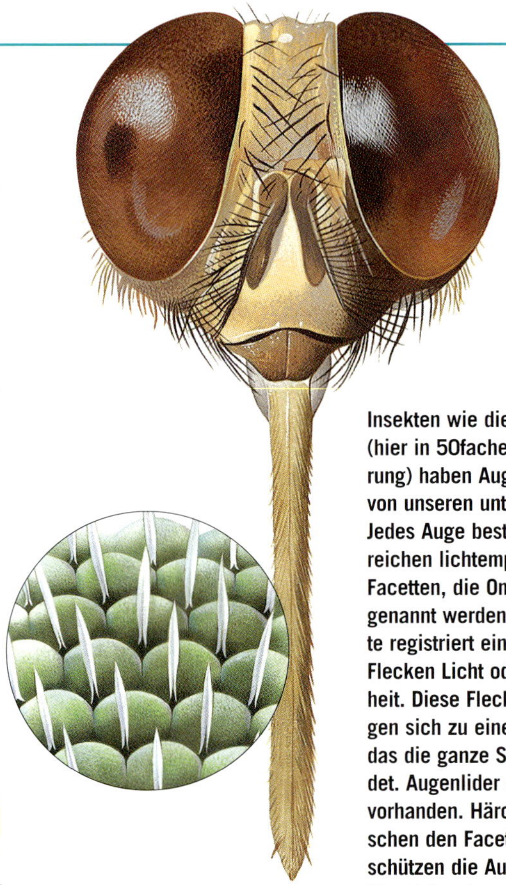

Insekten wie die Tsetsefliege (hier in 50facher Vergrößerung) haben Augen, die sich von unseren unterscheiden. Jedes Auge besteht aus zahlreichen lichtempfindlichen Facetten, die Ommatidien genannt werden. Jede Facette registriert einen winzigen Flecken Licht oder Dunkelheit. Diese Flecken vereinigen sich zu einem Mosaik, das die ganze Szene abbildet. Augenlider sind nicht vorhanden. Härchen zwischen den Facetten (links) schützen die Augen vor Staubkörnchen.

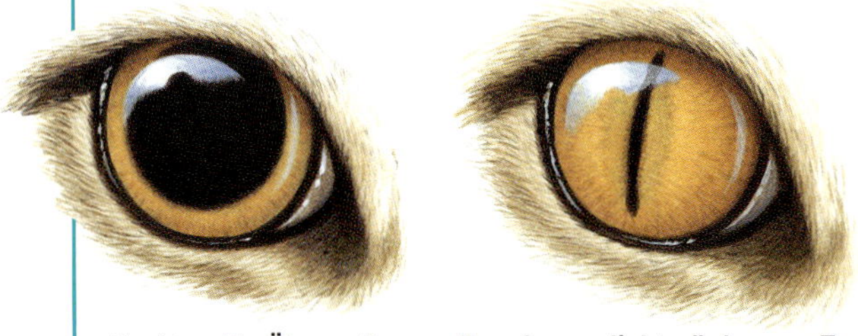

Nacht **Ein Übermaß an grellem Sonnenlicht würde den empfindlichen Augen einer Katze schaden. Damit das nicht passiert, werden die Pupillen zu schmalen Schlitzen verengt.** ***Tag***

Manche Tiere sind nachts aktiv. Zu ihnen gehören Katzen, Mäuse, Fledermäuse, Eulen und Nachtfalter. Ihre großen Augen sind im Stande, auch bei schwachem Licht zu sehen. Tiere, die wie Maulwürfe, Höhlensalamander oder Tiefseefische in totaler Dunkelheit leben, haben winzige oder gar keine Augen.

Im Auge endende Sehnerven registrieren Lichtmuster und leiten die Informationen an das Gehirn weiter. Die anderen Sinnesorgane arbeiten ähnlich. Das Trommelfell im Ohr ist ein straff gespannter Hautlappen, der vibriert, wenn Geräusche auf ihn treffen. Auch diese Vibrationen werden von Nerven registriert. Bei Säugetieren, Vögeln, Echsen und Fröschen sitzen Augen und Ohren am Kopf, aber bei manchen Tieren befinden sie sich an anderen Körperteilen. Die Augen einer Schnecke sitzen auf biegsamen Stielen. Bei den Muscheln sitzen primitive Lichtsinneszellen am Mantelrand zwischen den beiden Schalen, und die Trommelfelle eines Grashüpfer befinden sich an seinen Knien.

Eine Katze kann im Dunkeln gut sehen. Sie kann auch das leiseste Geräusch hören. Ihre Ohren bewegen sich in die Richtung, aus der das Geräusch kommt.

Riechen und Schmecken

Riech- und Geschmacksvermögen sind chemische Sinne. Sie beruhen auf dem Vorhandensein von chemischen Verbindungen, die Duft- oder Geschmacksstoffe genannt werden. Wir riechen in der Luft schwebende Duftstoffe mit der Nase und schmecken in Nahrung und Getränken enthaltene Geschmacksstoffe mit der Zunge. Bei einigen Tieren sind auch in anderen Körperteilen Chemosensoren vorhanden. Eine Fliege kann mit den Mundwerkzeugen, den Fühlern und den Füßen schmecken. Die gefiederten Fühler eines männlichen Nachtfalters können von einem Weibchen abgesonderte Chemikalien wahrnehmen, selbst wenn dieses mehrere Kilometer entfernt ist.

Ein Hund kann Gerüche wahrnehmen, die 10000-mal schwächer sind als die, die wir riechen können.

Auch im Wasser lebende Tiere haben Geruchs- und Geschmackssinne. Bei einem Hai sitzen Gruppen von Chemosensoren (Geschmacksknospen) auf der gesamten Innenfläche des Mauls und außen an der Spitze seiner Schnauze. In der Haut eines Katzenwelses sitzen so viele Chemosensoren, dass das ganze Tier eine „lebende Zunge“ ist. Manche Fische, darunter Haie, Rochen und Nilhechte, können winzige elektrische Impulse registrieren, die bei den Muskelkontraktionen anderer Tiere entstehen. Sie benutzen ihren elektrischen Sinn zum Aufspüren von Beute in trübem Wasser, Sand und Schlamm.

Eine Fledermaus orientiert sich mithilfe von Echoortung im Dunkeln. Sie stößt hohe Töne aus, die auf Gegenstände treffen. Die Fledermaus hört das von den Gegenständen zurückgeworfene Echo und benutzt es zur Orientierung.

Wasser ist ein guter Leiter für elektrischen Strom. Deshalb haben viele Wassertiere einen speziellen Sinn dafür entwickelt. Da Luft elektrischen Strom nicht leitet, können Landtiere ihn nicht wahrnehmen. Es gibt aber noch weitere Sinne, die uns fehlen und die wir uns nur schwer vorstellen können. Einige Tiere überqueren mit erstaunlicher Sicherheit ganze Ozeane (*siehe Seite 30*). Vielleicht können sie das natürliche Magnetfeld der Erde registrieren oder Schwankungen der Schwerkraft der Erde wahrnehmen.

Der Harlekin-Bockkäfer hat besonders lange Fühler. Die Fühler der Insekten sind Vielzweck-Sinnesorgane. Sie können in der Luft schwebende Substanzen riechen und Gegenstände, die sie berühren, fühlen. Außerdem registrieren sie Bewegungen von Luft (Wind) oder Wasser (Strömungen) und sogar laute Geräusche.

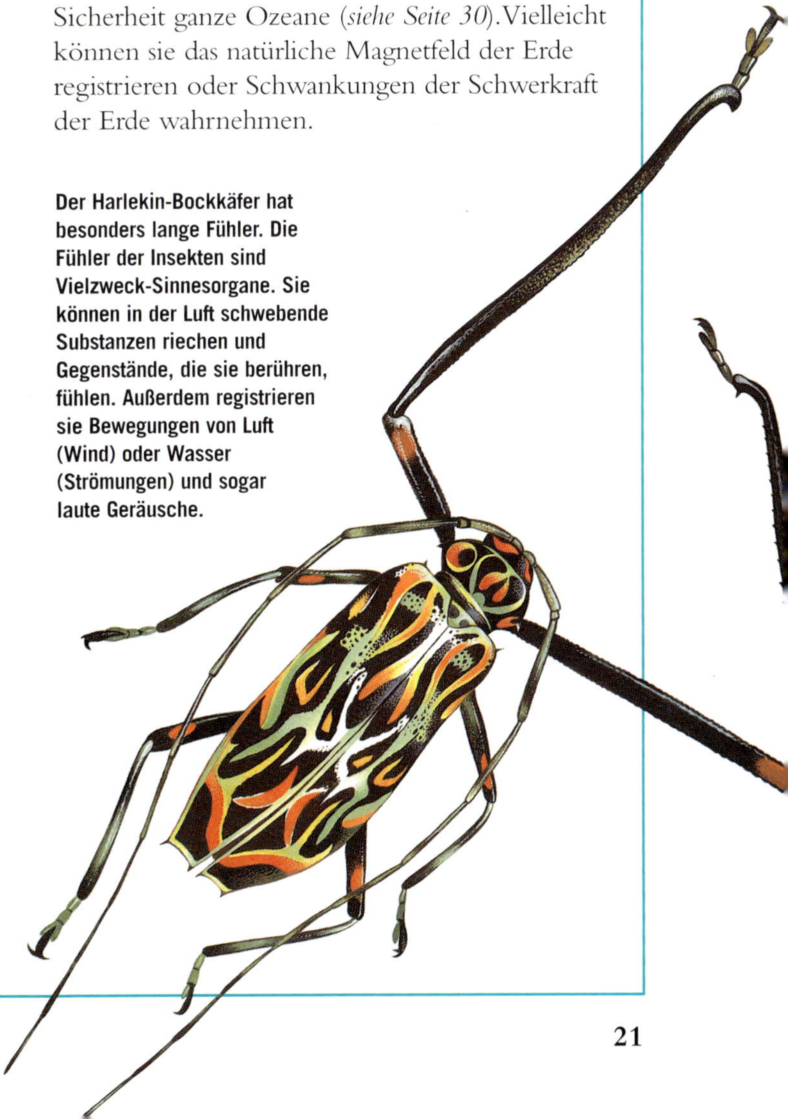

BEWEGUNG

ZU DEN EIGENSCHAFTEN der Tiere gehört, dass sie sich bewegen können. Sie können Teile ihres Körpers bewegen, indem sie das Maul öffnen, den Hals biegen oder ihre Fangarme ausstrecken oder einziehen. Die meisten Tiere bewegen sich fort, sie laufen, springen, schwimmen oder fliegen. Aber es gibt auch einige Arten, die sich nicht von der Stelle rühren. Enten- und Miesmuscheln sitzen fest auf Felsen in Küstennähe. Nur in ihrem Jugend- oder Larvenstadium schwimmen sie herum.

Der Flattermaki besitzt fallschirmähnliche Hautlappen, mit denen er hervorragend gleiten, aber nicht fliegen kann.

Ein Delfin sorgt für die zum Schwimmen erforderliche Schubkraft, indem er die Schwanzflosse auf und ab bewegt.

IM WASSER

Viele Tiere leben entweder im Meer oder in Seen und Flüssen. Da Wasser wesentlich dichter ist als Luft, setzt es der Bewegung einen größeren Widerstand entgegen. Um sich schnell durchs Wasser bewegen zu können, müssen die Wasserbewohner einen glatten, stromlinienförmigen Körper haben, an dem das Wasser leicht vorbeigleiten kann. Fische, wie die Haie, verschaffen sich die erforderliche Antriebskraft durch Schlagen mit dem Schwanz. Sowohl Fische als auch Delfine benutzen ihre Flossen zum Steuern und zum Auf- und Untertauchen. Pinguine schlagen mit den Flügeln, um durchs Wasser zu „fliegen".

IN DER LUFT

Nur drei Gruppen von Tieren können wirklich fliegen: Vögel, Fledermäuse und Insekten. Die Luft ist so dünn, dass sie der Bewegung nur wenig Widerstand entgegensetzt, aber sie ist auch nicht sonderlich tragfähig. Fliegende Tiere schlagen ihre Flügel abwärts, um sich den nötigen Auftrieb zu verschaffen, und nach hinten, um sich vorwärts zu bewegen.

Die Flügel eines Vogels bilden beim Abschlag eine luftdichte Fläche. Beim Aufschlag werden die Federn so gedreht, dass durch die Lücken Luft strömen kann.

Der Tigerhai (*unten*) verlässt sich beim Beutefang auf seinen Geruchssinn. Außerdem ist ihm seine Schnelligkeit nützlich. Er kann eine Geschwindigkeit von 40 Stundenkilometern erreichen und ist damit einer der schnellsten Haie.

Vögel und Fledermäuse haben sehr dünne und leichte Knochen. Das verringert ihr Körpergewicht und spart Energie beim Fliegen. Trotzdem müssen sie fast doppelt so viel Nahrung zu sich nehmen wie gleich große Bodenbewohner. Die Abschlagmuskeln im Brustkorb sind bei weitem die größten im Körper eines Vogels oder einer Fledermaus. Insekten und Fledermäuse steuern ihre Bewegungen, indem sie ihre Flügel kippen oder drehen. Kleine Insekten wie Zuck- und Kriebelmücken müssen rund 1000-mal pro Sekunde mit den Flügeln schlagen, um sich in der Luft halten zu können. Vögel steuern ihren Flug, indem sie ihre Federn auffächern und drehen. Am schnellsten, bis zu 80-mal in der Sekunde, schlagen die Kolibris mit den Flügeln.

Ein junger Orang-Utan klettert behände auf Bäumen des Regenwaldes herum. Dabei hält er sich mit seinen langen Fingern und Zehen an den Ästen fest.

Käfer haben harte Flügeldecken, die ihre empfindlichen Flügel schützen, wenn sie nicht gebraucht werden. Zum Fliegen werden sie ausgebreitet.

Um sich bewegen zu können, brauchen alle Tiere Muskeln. Ein Gorilla hat rund 640 Muskeln. Sie machen ungefähr drei Fünftel seines Körpergewichts aus. Bei einem schnellen Fisch liegen an jeder Körperseite 30 - 40 große Muskeln, die für neun Zehntel seines Körpergewichts verantwortlich sind. Sie ermöglichen es ihm, mit dem Schwanz zu schlagen.

AUF DEM LAND

Landtiere bewegen sich ihrer Umgebung entsprechend. Auf offenem Gelände können Gazellen und Antilopen mit ihren langen Beinen schnell laufen. Waldbewohner wie Hirsche und Rehe bewegen sich langsam. Wenn sie zwischen Bäumen hindurch flüchten, laufen sie schneller und im Zickzack. Andere Arten wie Eichhörnchen und Faultiere haben sich einem Leben auf Bäumen angepasst. Sie besitzen lange Krallen, mit denen sie Halt finden. Die so genannten Neuweltaffen haben lange Greifschwänze, die sie zum Festhalten auf Bäumen benutzen. Zur Bewegung braucht ein Tier nicht unbedingt Gliedmaßen. Viele Schlangen haben keine; trotzdem können sie sich auf dem Boden fortbewegen, im Wasser schwimmen, auf Bäume klettern und sogar durch die Luft gleiten.

Das schnellste Landtier, der Gepard, erreicht im Sprint eine Geschwindigkeit von über 100 Stundenkilometern, und Gabelböcke sind fast genauso schnell. Aber viele Vögel können sich noch schneller bewegen. Der Wanderfalke stößt mit einer Geschwindigkeit von 340 Stundenkilometern herab.

ANPASSUNG

DER PROZESS der Evolution (*siehe Seite 6*) gewährleistet, dass nur diejenigen Lebewesen überleben, die sich ihrer Umwelt gut angepasst haben. Tiere oder Pflanzen, die an ihre Umwelt nicht oder nur schlecht angepasst sind, verlieren den Kampf ums Dasein. Tiere müssen sich vor allem folgenden drei Umweltfaktoren anpassen: dem Klima (zu dem Temperatur und Niederschläge gehören), dem Nahrungsangebot und der Möglichkeit, sich vor Feinden zu schützen.

Die großen Ohren der Riesenohr-Springmaus sorgen dafür, dass sie gut hören kann. Außerdem geben sie Wärme ab und verhindern so, dass sich der Körper überhitzt.

In heißen Wüsten suchen kleine Tiere am Tag oft Schutz vor der sengenden Sonne und kommen nur nachts heraus, wenn es kühler ist. Um wertvolles Wasser zu sparen, produzieren sie nur sehr wenig Schweiß, Urin und andere Körperflüssigkeiten.

Ein Kamel kann zwei Wochen ohne Wasser und Nahrung auskommen. Es zehrt von dem in seinem Höcker gespeicherten Fett. Dieses Fett kann außerdem in seinem Körper so aufgespaltet werden, dass es ihm Wasser liefert.

Am artenreichsten ist das Leben in Gegenden mit feuchtheißem oder nassem Klima wie den tropischen Regenwäldern und Korallenriffen. In sehr kalten oder sehr trockenen Gebieten ist das Überleben wesentlich schwieriger. Dennoch gibt es Tiere, die selbst in trockenen Wüsten leben können. Zu ihnen gehören große Tiere wie Kamele und Oryxantilopen und kleinere Geschöpfe wie Wüstenspringmäuse, Echsen, Skorpione und Insekten.

Für kleine Tiere ist der Schutz vor Feinden besonders wichtig. Auf einen Gecko machen zum Beispiel Greifvögel, Schlangen, Affen und kleine Raubkatzen Jagd. Er hat eine grünlichbraune, gefleckte Haut, die dafür sorgt, dass er zwischen Ästen und Blättern gut getarnt und fast unsichtbar ist. Mit seinen kräftigen Zehen und scharfen Krallen kann er sich so gut auf Bäumen festhalten, dass er schnell flüchten kann. Und wenn ein Feind seinen Schwanz zu fassen bekommt, bricht dieser ab, und der Gecko kann entkommen.

Der Fortbewegung auf weichem Sand haben sich die Tiere auf verschiedene Arten angepasst: Bei den Kamelen verhindern breite Füße das Einsinken. Spring- und Rennmäuse hüpfen auf großen Hinterfüßen umher. Die Gehörnte Klapperschlange gleitet in Z-förmigen diagonalen Windungen durch den Sand und stemmt sich dabei seitwärts gegen die lockeren Körner. Einige Wüstenbewohner, wie ein bestimmter Wüstenfrosch, graben sich ein und verschlafen die größte Hitze.

Nur warmblütige Vögel und Säugetiere mit gleich bleibender Körpertemperatur können in der Arktis und der Antarktis leben. Kaltblütige Tiere wie Reptilien und Amphibien würden hier nicht überleben, da ihre Beweglichkeit von der Umgebungstemperatur abhängt. Eisbären schützt ein dichter Pelz vor der Kälte.

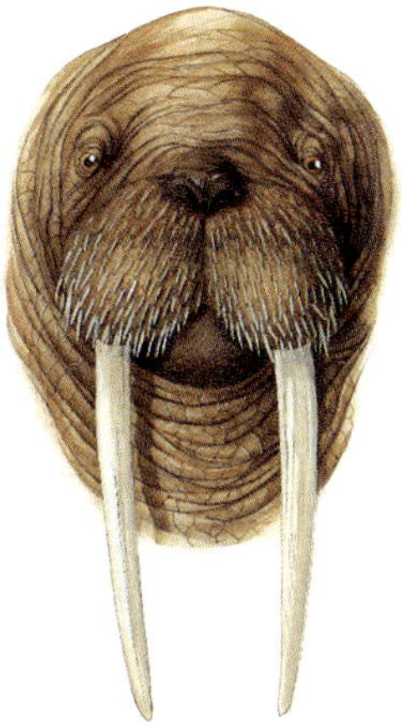

Das Walross sucht sich seine Nahrung, hauptsächlich Schalentiere, auf dem Meeresgrund. Unter seiner Haut liegt eine bis zu 15 Zentimeter dicke Fettschicht. Seine Gliedmaßen sind zu Flossen umgewandelt, und die Stoßzähne dienen zum Loshebeln von Schalentieren und als Stützen, wenn es sich aus dem Wasser aufs Eis herausstemmt.

Im Wasser lebende Säugetiere der Polargebiete wie Walrosse und Wale haben keinen warmen Pelz. Ihr Körper wird von einer dicken Fettschicht warm gehalten. Auch Vögel wie die Pinguine besitzen eine solche Fettschicht. Andere Vögel wie Schneehühner und Schnee-Eulen haben ein besonders dichtes Gefieder, das sie so aufplustern können, dass es eine Luftschicht einschließt, die sie vor der Kälte schützt.

Mit seinem weißen Fell ist ein Eisbär auf Eis und Schnee gut getarnt.

Küstenbewohner müssen heiße Sonne, austrocknende Winde, Wellen, Eis, Schnee und heftigen Regen ebenso aushalten können wie das Überspülen mit Salzwasser bei jeder Flut.

Einer der vielfältigsten Lebensräume ist die Meeresküste mit ihrem ständigen Wechsel zwischen Ebbe und Flut. Tiere wie Krebse, Würmer, Garnelen und Schalentiere sind immer dann aktiv, wenn sie von Seewasser bedeckt sind, ganz gleich, ob es dann Tag oder Nacht, Sommer oder Winter ist. Schalentiere wie die Napfschnecken besitzen eine harte Umhüllung, die davor schützt, dass sie von den Wellen zerschmettert werden. Außerdem schützt sie vor dem Austrocknen bei Ebbe. Würmer und Fische graben sich in den Sand ein oder suchen unter Felsen Schutz vor Wind und Wellen.

Der Meeresboden ist ein Lebensraum, in dem sich die Verhältnisse praktisch nie ändern. Dort ist es immer kalt und dunkel, und es gibt kaum Strömungen. Das Hauptproblem in großer Tiefe ist der enorme Wasserdruck. An der Oberfläche würden Tiefseefische, Seesterne und Seegurken ganz weich werden und sterben.

Die in der Tiefsee lebenden Seegurken halten einem sehr hohen Wasserdruck stand.

ANGRIFF

FLEISCH FRESSENDE Tiere (Carnivoren) beschaffen sich ihre Nahrung, indem sie andere Tiere jagen und angreifen. Die meisten Beutetiere verfügen über Verteidigungsmöglichkeiten (*siehe nächste Seite*), die ihre Jäger überwinden müssen. Viele Fleischfresser sind stark und können sehr schnell reagieren. Ihre Sinne sind besonders scharf, und sie verfügen über „Jagdwaffen" wie scharfe Zähne und lange Krallen. Es gibt Arten, die ihrer Beute hinterher hetzen, und andere, die sich gut getarnt in hohem Gras oder zwischen Blättern verstecken und ihre Beute dann aus dem Hinterhalt überfallen (*siehe Seite 18–19*).

Die Jagdwaffe des Chamäleons (*oben*) ist seine lange klebrige Zunge, die der Fangschrecken (*links*) ihre dünnen Vorderbeine. Diese Jäger sitzen ganz still auf einem Ast und halten Ausschau nach Beute. Wenn ein Insekt in Reichweite kommt, wird es blitzschnell erbeutet.

Die Hauptwaffen der Greifvögel und Eulen sind, wie bei diesem Waldkauz, lange, scharfe Krallen. Mit ihnen greifen sie ihre Beute und bringen sie zu ihrem Lager. Dort halten sie sie mit einem Fuß fest und reißen mit ihrem Hakenschnabel mundgerechte Bissen ab.

Eulen verlassen sich bei der Jagd auf ihre Lautlosigkeit. Ihre Federn haben sehr weiche Kanten und machen deshalb beim Fliegen und Gleiten kaum Geräusche. Mit ihren großen Augen können Eulen in der Dunkelheit gut sehen. Ihr Hörvermögen ist sogar so gut, dass sie eine Maus hören können, die auf dem Waldboden umherhuscht oder frisst.

Es gibt auch Tiere, die anstelle von körperlichen chemische Waffen benutzen. Manche Schlangen und Spinnen haben Giftzähne, Wespen und Skorpione giftige Stacheln. Diese Gifte dienen außer zum Beutefang auch zur Selbstverteidigung. Häufig warnen Gifttiere einen Angreifer, bevor sie beißen oder zustechen. Klapperschlangen bewegen ihren Schwanz, und Giftspinnen stellen sich auf die Hinterbeine und zeigen ihre Beißwerkzeuge. Gifttiere brauchen ihr Gift zum Erlegen ihrer Beute. Da ihr Giftvorrat begrenzt ist, versuchen sie, ihr Gift nicht zur Verteidigung zu vergeuden.

Giftschlangen beißen zu und drücken das Gift aus ihren Giftzähnen in die Wunde. Andere Arten wie die Tigerpython sind Würgeschlangen. Sie winden sich um ihre Beute wie etwa eine Ratte oder sogar ein kleines Reh. Jedes Mal, wenn das Beutetier ausatmet, wird die Umklammerung enger, bis es schließlich erstickt ist.

VERTEIDIGUNG

PFLANZENFRESSER müssen sich vor Fleischfressern schützen. Eine Art der Verteidigung ist es, sich zu wehren. Elefanten, Wildschweine und Warzenschweine tun das mit ihren Stoßzähnen. Gazellen, Antilopen und Wildrinder wie die Moschusochsen wehren Feinde mit ihren scharfen Hörnern ab. Andere, wie die Zebras, schlagen mit ihren harten Hufen aus. Auch das Leben in Herden ist eine Hilfe – viele Augen und Ohren sorgen dafür, dass ein sich nähernder Feind schneller entdeckt wird. Moschusochsen (*unten*) schützen ihre Jungen vor Wölfen, indem sie einen Kreis um sie bilden.

Um Feinden zu entkommen, springen Fliegende Fische aus dem Wasser, breiten ihre großen Flossen aus und gleiten durch die Luft.

STACHELN UND GIFTE

Eine Form von Schutz ist ein harter Panzer, wie ihn Schildkröten, Gürteltiere, Schnecken und Käfer besitzen. Andere Tiere, zum Beispiel Igel, Stachelschweine und Igelfische, schützen sich mit Dornen und Stacheln. Und viele Arten, von Mäusen bis hin zu Rehen und Hirschen, verlassen sich auf scharfe Sinne, Schnelligkeit und Behändigkeit und versuchen ihren Feinden zu entkommen.

Das Widderchen schmeckt widerlich.

Der Igelfisch ist eine stachlige Kugel.

Diese Laubheuschrecke hat große Augenflecken auf den Flügeln.

Eine Meeresschnecke mit winzigen Stacheln auf dem Rücken

Es gibt Fische, Käfer, Raupen und Schmetterlinge, die widerlich schmecken oder giftig sind. Ihre Feinde lernen rasch, sie zu meiden, weil sie mit leuchtenden, so genannten Warnfarben auf diese Form der Verteidigung hinweisen. Andere Tiere, darunter Kugelfische, Kröten und Echsen, blähen sich auf, um größer zu erscheinen. Oder die Tiere verwirren den Feind mit plötzlich aufleuchtenden Farben oder Mustern, besonders mit Augenflecken, die den Augen eines größeren Räubers gleichen.

VERHALTENSWEISEN

DAS LEBEN vieler Tiere, vom Regenwurm bis zum Walhai, ist ziemlich einfach. Ihre Verhaltensweisen sind beschränkt, und sie begegnen einander nur kurz, um sich zu paaren. Andere Arten haben ein sehr vielschichtiges Verhalten. Sie bilden Gruppen, kämpfen um die Vorherrschaft in einer Gruppe, um Partner und Reviere, helfen einander beim Füttern oder bei der Aufzucht der Jungen von Artgenossen.

Alle Lebewesen versuchen sich zu paaren und damit ihre Gene (*siehe Seite 52*) an ihre Nachkommen weitergeben zu können. Ein Tier muss seinen Partner mit Bedacht wählen. Mithilfe von Werbungsverhalten und Paarungsritualen sucht es einen Partner der gleichen Art, der dem anderen Geschlecht angehört, geschlechtsreif ist und außerdem gesund und kräftig. Denn das vergrößert die Chance, dass auch die Nachkommen stark und gesund sind.

Ein Albatrospaar bringt nur alle zwei Jahre ein Junges zur Welt. Deshalb muss jeder Elternvogel sicher sein, dass sein Partner gesund und kräftig ist. Das finden die Vögel durch eine Reihe von Handlungen heraus, die als Paarungsritual bezeichnet werden. Sie breiten die Flügel aus, nicken mit den Köpfen, stolzieren herum, klappern mit den Schnäbeln und geben eine Reihe von Lauten von sich. Wenn ein Partner nicht entsprechend reagiert, ist er vielleicht krank oder verletzt und damit als Elternvogel nicht geeignet.

Bei einigen Tieren hängt das Überleben davon ab, ob sie ein Revier haben. Das ist ein Flecken Land oder Wasser, wo der Besitzer leben und fressen kann, ohne mit Rivalen der eigenen Art konkurrieren zu müssen. Reviere werden gewöhnlich markiert – durch Hinterlassen von Duftmarken, Verspritzen von Urin oder die Ablage von Kot an den Grenzen. Verteidigt werden Reviere gegen Artgenossen durch Rufe und Gesang sowie körperliche Gesten.

In dichten Wäldern sind körperliche Gesten nur schlecht zu sehen. Deshalb machen Waldbewohner Geräusche, wenn sie ihr Revier verteidigen oder Partner anlocken wollen. Brüllaffen machen einen gewaltigen Lärm, der fünf Kilometer weit zu hören ist und zu den lautesten Tiergeräuschen gehört. Die Brüllaffen in der Nachbarschaft wissen dann genau, dass dieses Revier besetzt ist. Der morgendliche Gesang der Vögel hat den gleichen Zweck.

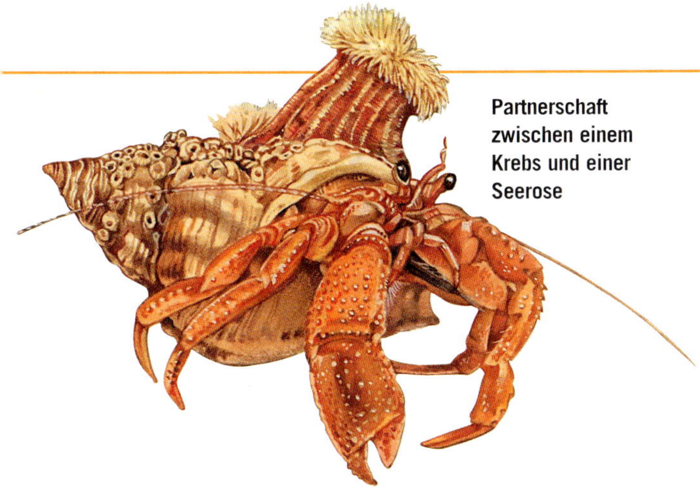

Partnerschaft zwischen einem Krebs und einer Seerose

Der Einsiedlerkrebs lebt in Symbiose mit der Schmarotzer-Seerose. Die Seerose bietet dem Krebs mit ihren giftigen Fangarmen Schutz. Dafür trägt der Krebs sie zu anderen Orten, an denen sie Beute machen kann. Es kommt auch vor, dass ein Partner die Überreste der Mahlzeit des anderen frisst.

Meerkatzen leben in Gruppen von etwa 30 Tieren. Sie wechseln sich als Wachtposten ab und halten Ausschau nach Feinden wie etwa Habichten.

HILFELEISTUNG

Das Leben in der Natur ist ein ständiger Kampf ums Überleben. Manchmal kann die Tatsache, dass ein Tier einem anderen hilft, dessen eigene Überlebenschancen vergrößern. Manche Lebewesen bilden Partnerschaften mit anderen Arten, von denen beide profitieren. Das wird Symbiose genannt. Putzerfische sind kleine Fische, die sich um größere kümmern. Die großen Fische könnten die kleinen ohne weiteres fressen. Aber die Putzer picken Läuse und andere Quälgeister von ihren Körpern und aus ihren Mäulern und Kiemen. Die großen Fische werden von den Parasiten befreit, und die Putzerfische bekommen ihre Nahrung.

Viele in Gruppen lebende Tiere warnen ihre Artgenossen durch Rufe und andere Verhaltensweisen vor Gefahr. Und wenn ein Angehöriger der Gruppe irgendwo ein besonders reiches Nahrungsangebot gefunden hat, kommen die anderen herbei, um daran teilzuhaben. Einige Tierarten arbeiten sogar bei der Jagd auf Beute zusammen. Im Rudel jagen zum Beispiel Wölfe, Löwen und Afrikanische Wildhunde.

Schwertwale leben in Gruppen. Angehörige einer Gruppe kommunizieren miteinander – durch Geräusche, Körperhaltung und Handlungen wie das Schlagen mit Schwanz oder Flossen aufs Wasser. Sie jagen gemeinschaftlich und umzingeln ihre Beute wie zum Beispiel einen Schwarm Fische oder Kalmare. Oft treiben sie den Schwarm auch in seichtes Wasser oder in eine Bucht, wo sie die Tiere leichter fangen können. Sie machen auch Jagd auf Robben, Seelöwen, Delphine, Tümmler und andere Wale, und manchmal erbeuten sie sogar auf dem Wasser sitzende Seevögel.

WANDERUNGEN

MANCHE LEUTE machen jedes Jahr in einer wärmeren Gegend Urlaub. Auch einige Tiere tun das, aber nicht zum Vergnügen, sondern um überleben zu können. Diese Tiere unternehmen Wanderungen – lange, zumeist jahreszeitlich bedingte Reisen. Wenn sich die Umweltverhältnisse ändern, brechen sie auf, um eine bessere Umgebung und Orte zu finden, an denen sie sich fortpflanzen können.

Solche Wanderungen können relativ ziellos sein. Herden von Weißschwanzgnus und Zebras wandern über die afrikanische Savanne. Sie bleiben in einer Region, solange sie genügend Nahrung vorfinden. Wenn sie nicht mehr ausreicht, ziehen sie weiter in eine Gegend, in der es kürzlich geregnet hat und viele Pflanzen gewachsen sind. In der Regel unternehmen sie ihre Wanderungen in einem jährlichen Rhythmus, aber manchmal zwingt sie anhaltende Trockenheit weiter zu ziehen.

Monarchfalter wandern von Kanada nach Mexiko, wo sie zu Tausenden an Baumstämmen sitzend überwintern (*links*). Im Frühling fliegen sie zurück, wobei sie sich unterwegs paaren. Hin- und Rückflug können 6500 Kilometer lang sein.

Den Wanderekord hält die Küstenseeschwalbe. Sie fliegt jedes Jahr 25000 Kilometer von der Antarktis zur Arktis und zurück.

Die meisten Arten wandern zu bestimmten Jahreszeiten und benutzen gewöhnlich immer die gleichen Routen. In den Polargebieten im hohen Norden sind die Sommer kurz, aber die langen Stunden mit Tageslicht und Wärme lassen zahlreiche Pflanzen sprießen. Es gibt nur wenige Tiere, die ständig dort leben. Deshalb machen sich Vögel wie zum Beispiel Gänse im Frühling auf den Weg nach Norden, um zu fressen und ihre Jungen aufzuziehen. Bevor der lange dunkle und kalte arktische Winter beginnt, kehren sie in die gemäßigten Regionen von Europa, Asien und Nordamerika zurück.

So genannte Zugvögel wie Schwalben und Mauersegler verbringen den Frühling und Sommer in den gemäßigten Breiten des Nordens, wo sie Nahrung finden und sich fortpflanzen können. Im Herbst brechen sie in warme, tropische Regionen auf.

Vögeln fällt das Wandern am leichtesten, weil sie im Flug sehr schnell große Entfernungen überwinden können. Aber auch einige Landtiere wandern, zum Beispiel die Karibus (*siehe nächste Seite*). In Australien wandern Herden von Kängurus und Emus auf der Suche nach Nahrung Hunderte von Kilometer weit durch die Wüste.

Wo Nahrung knapp ist, sind Wüstenschrecken selten. Unter günstigen Verhältnissen vermehren sie sich rasch, bilden riesige Schwärme und fliegen auf der Suche nach Nahrung davon. Dabei fressen sie oft die Felder der Farmer kahl.

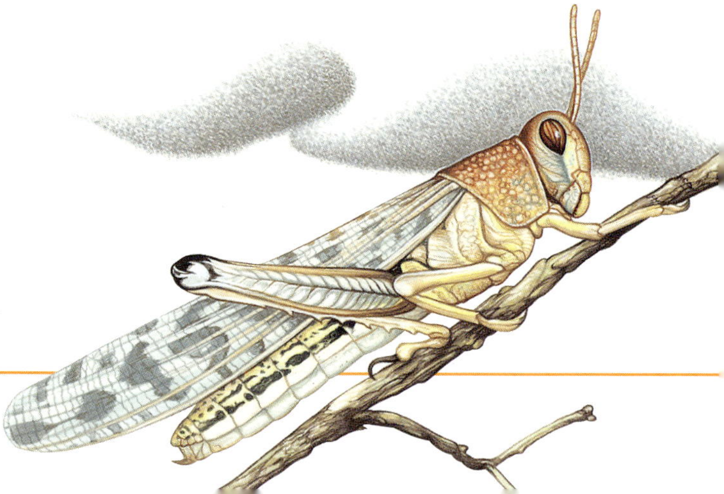

Meeresbewohner

Auch Tiere in den Ozeanen unternehmen lange Wanderungen. Manche, wie die Grauwale, tun dies in einem regelmäßigen, von den Jahreszeiten bestimmten Rhythmus. Sie legen jährlich mehr als 20 000 Kilometer zurück und halten damit den Wanderrekord der Säugetiere. Bei den Reptilien ist es vermutlich die Suppenschildkröte, die die längsten Strecken zurücklegt. Einige von ihnen fressen an der Küste des tropischen Südamerika und schwimmen zur Fortpflanzung dann über 2000 Kilometer weit zur Insel Ascension mitten im Atlantischen Ozean.

Suppenschildkröten überqueren zur Fortpflanzung den Atlantischen Ozean.

Andere Meeresbewohner wandern weniger regelmäßig. Lachse wachsen in nordamerikanischen und europäischen Flüssen heran und schwimmen dann ins Meer hinaus, wobei sie bis zu 10 000 Kilometer zurücklegen, bevor sie in ihre Heimatflüsse zurückkehren.

Aale schlüpfen im Sargasso Meer, einer Region im Westen des Atlantischen Ozeans. Die Jungtiere driften mit der Strömung etwa 10 000 Kilometer langsam nach Osten und erreichen drei oder vier Jahre später europäische Flüsse.

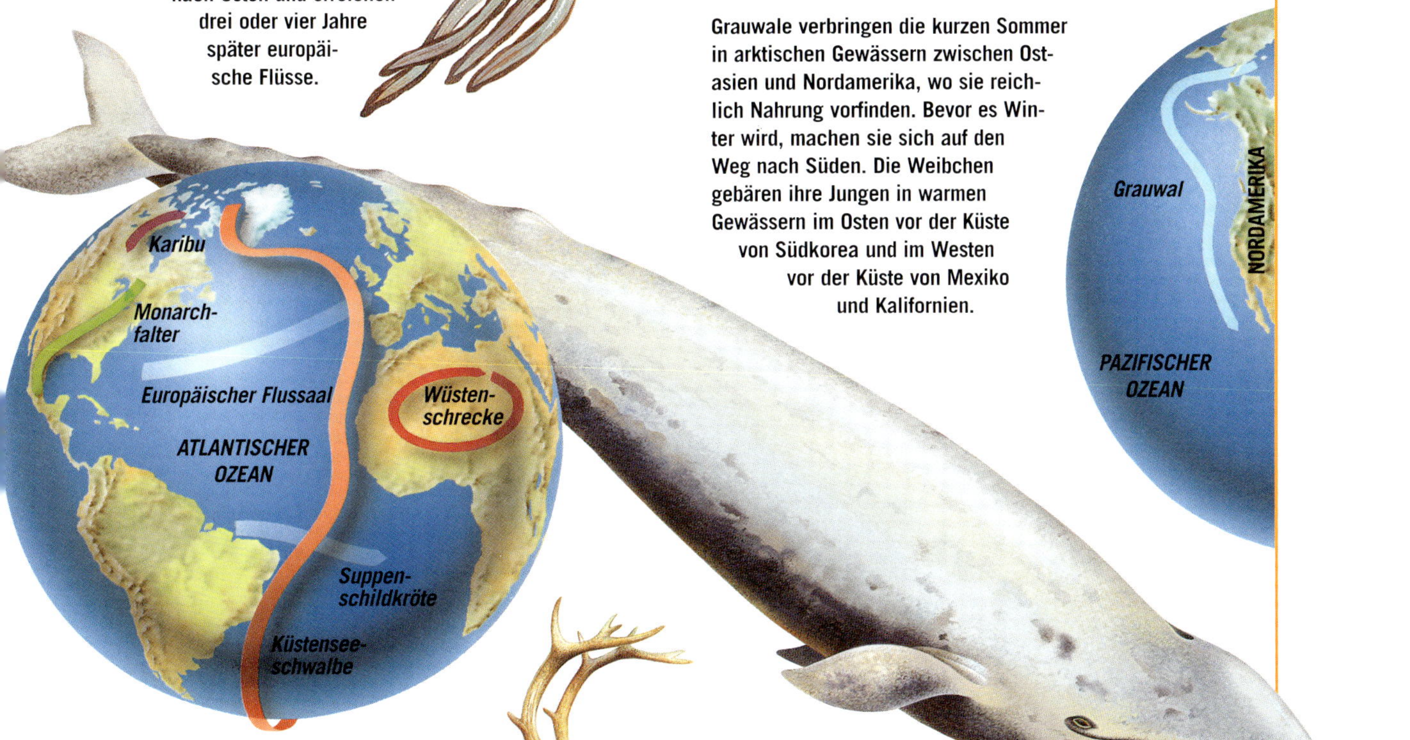

Grauwale verbringen die kurzen Sommer in arktischen Gewässern zwischen Ostasien und Nordamerika, wo sie reichlich Nahrung vorfinden. Bevor es Winter wird, machen sie sich auf den Weg nach Süden. Die Weibchen gebären ihre Jungen in warmen Gewässern im Osten vor der Küste von Südkorea und im Westen vor der Küste von Mexiko und Kalifornien.

Karibus sind Rentiere und können unter den Säugetieren die längsten Strecken auf dem Land zurücklegen. Im Frühling verlassen die Herden ihre Winterquartiere in den dichten Nadelwäldern Kanadas und Nordeuropas. Sie wandern bis zu 1 500 Kilometer weit in die Gegend um den Polarkreis, wo unter dem schmelzenden Schnee Pflanzen sprießen. Wenn der Herbst naht, kehren die Karibus in den Schutz der dichten Wälder zurück. Auf einem Teil des Weges werden sie von Wölfen begleitet, denen vor allem Nachzügler zum Opfer fallen.

DER MENSCHLICHE KÖRPER

KEIN LEBEWESEN wurde von Wissenschaftlern so gründlich erforscht wie der Mensch. Wir erfahren jedes Jahr mehr Einzelheiten über ihn und seine Funktionsweise. Schon den Menschen der Antike waren grundlegende Tatsachen bekannt, zum Beispiel, dass das Skelett des Menschen aus 206 Knochen besteht. Seit der Erfindung des Mikroskops vor rund 400 Jahren wurden die winzigen Bausteine des Körpers, die Zellen, immer eingehender erforscht. Und in neuerer Zeit haben wir vieles über die „Bauanweisungen“ erfahren, die die Beschaffenheit des menschlichen Körpers bestimmen – die Gene.

ORGANE UND SYSTEME

Einheitlich aufgebaute Körperteile wie Gehirn, Herz, Lunge und Magen werden Organe genannt. Organgruppen arbeiten in Systemen zusammen. Jedes System hat die Aufgabe, den Körper am Leben und gesund zu erhalten. So bilden zum Beispiel das Herz, die den ganzen Körper durchziehenden Gefäße, die Adern und Venen, und die rote Flüssigkeit, die wir Blut nennen, das Kreislaufsystem. Es befördert Nährstoffe und Sauerstoff in alle Teile des Körpers und sammelt Abfallprodukte ein, die dann ausgeschieden werden. Es gibt etwa ein Dutzend solcher Systeme; sie werden auf den Folgeseiten erklärt.

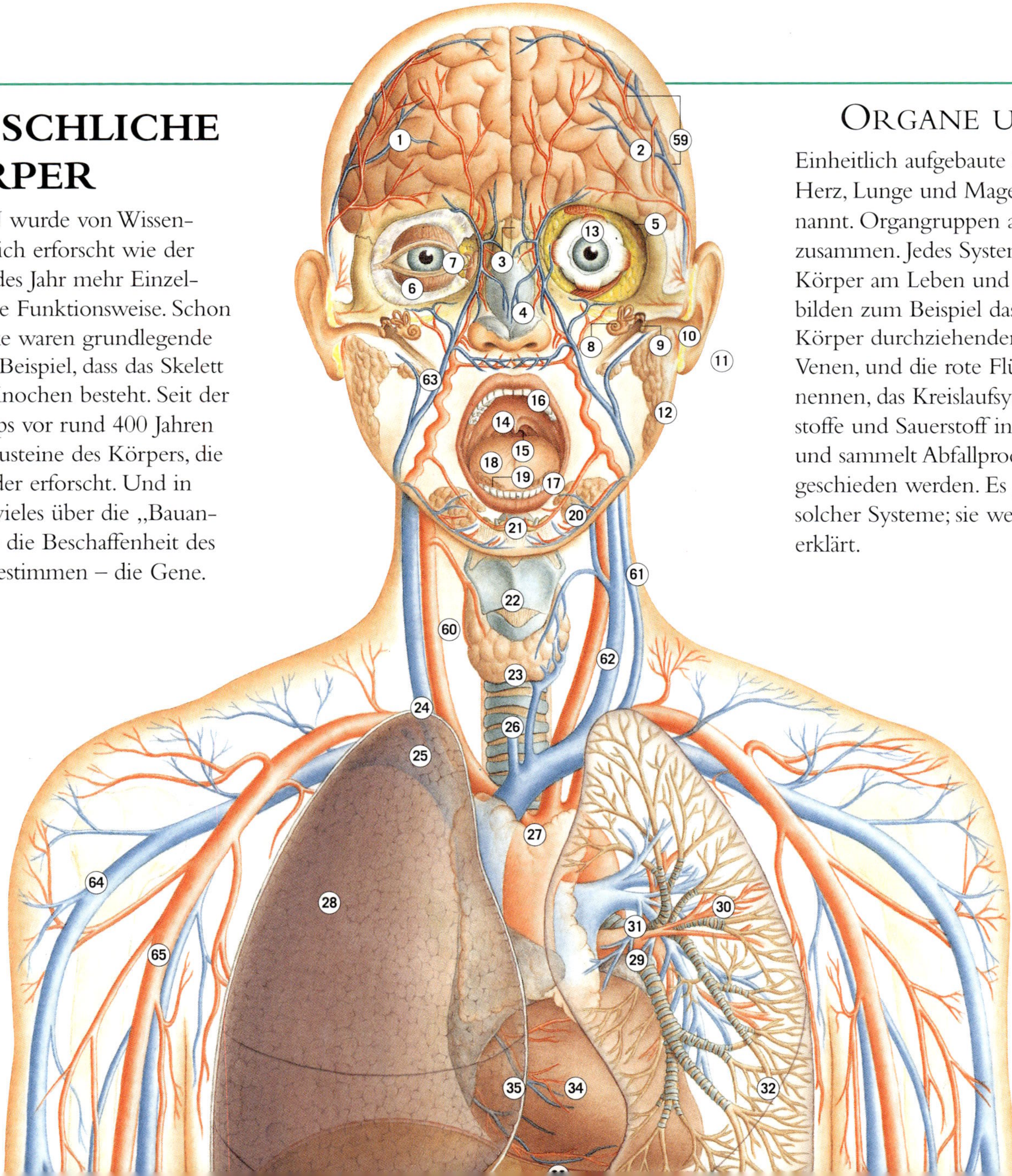

1 *Rechte Gehirnhälfte*
2 *Linke Gehirnhälfte*
3 *Hypophyse*
4 *Nasenknorpel*
5 *Tränendrüse*
6 *Lidmuskel*
7 *Augenhöhle*
8 *Innenohr*
9 *Trommelfell*
10 *Äußerer Gehörgang*
11 *Ohrmuschel*

36 *Leber*
37 *Gallenblase*
38 *Rechte Nebenniere*
39 *Rechte Niere*
40 *Pankreas*
41 *Linke Nebenniere*
42 *Linke Niere*
43 *Magen*
44 *Milz*
45 *Dünndarm*
46 *Dickdarm*
47 *Wurmfortsatz*
48 *Rechter Harnleiter*
49 *Linker Harnleiter*

12 *Ohrspeicheldrüse*
13 *Augenmuskeln*
14 *Rachenmandeln*
15 *Zäpfchen*
16 *Zähne im Oberkiefer*
17 *Zähne im Unterkiefer*
18 *Zunge*
19 *Unterzungenspeicheldrüse*
20 *Unterkieferspeicheldrüse*
21 *Zungenbein*
22 *Kehlkopf*
23 *Schilddrüse*
24 *Lungenspitze*
25 *Lungenoberfläche*
26 *Luftröhre*
27 *Thymusdrüse*
28 *Rechter Lungenflügel*
29 *Bronchien*
30 *Lungenarterie zum linken Lungenflügel*
31 *Lungenvene vom linken Lungenflügel*
32 *Bronchiole des linken Lungenflügels*
33 *Zwerchfell*
34 *Herz*
35 *Herzkranzgefäße*

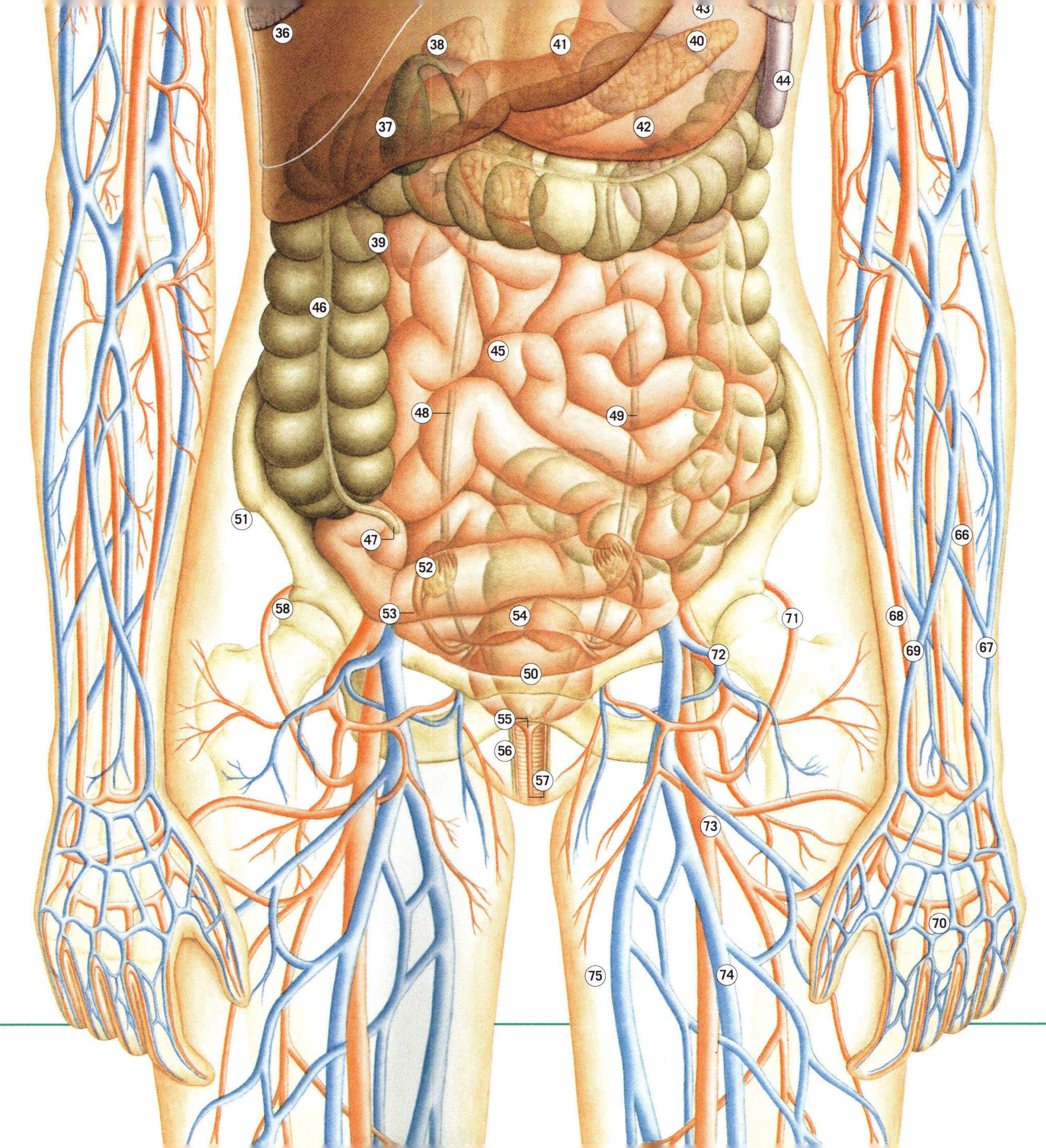

50 *Blase*
51 *Hüftbein*
52 *Eierstock*
53 *Eileiter*
54 *Gebärmutter*
55 *Gebärmutterhals*
56 *Scheide*
57 *Harnröhre*
58 *Hüftgelenk*
59 *Hirnarterien und -venen*
60 *Halsschlagader*
61 *Innere Drosselvene*
62 *Äußere Drosselvene*
63 *Gesichtsarterien und -venen*
64 *Oberflächliche Armvene*
65 *Armarterien und -venen*
66 *Ellenarterie*
67 *Ellenvene*
68 *Speichenarterie*
69 *Speichenvene*
70 *Handarterien und -venen*
71 *Hüftschlagader*
72 *Hüftvene*
73 *Oberschenkelschlagader*
74 *Oberschenkelvene*
75 *Große Rosenvene*

VERDAUUNG I

UM LEBEN UND ARBEITEN zu können, braucht der Körper Energie und außerdem Baustoffe für Erhaltung, Wachstum und „Reparaturen“. Energie und Baustoffe sind in unserer Nahrung enthalten. Verdauung nennt man den Vorgang, bei dem die aufgenommene Nahrung in Teile aufgespalten wird, die so winzig sind, dass sie ins Blut gelangen und durch den ganzen Körper transportiert werden können. Die daran beteiligten Körperteile werden Verdauungssystem genannt.

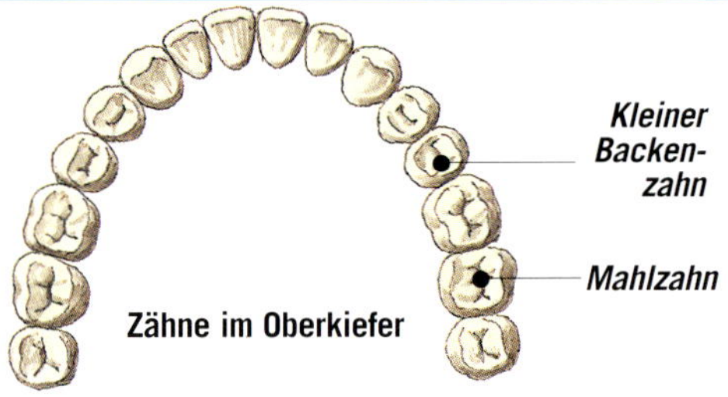

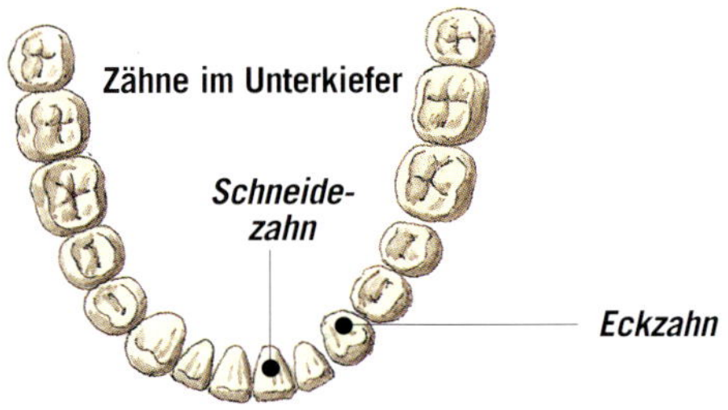

Ein Erwachsener hat 32 Zähne. In der Mitte jedes Kiefers sitzen vier Schneidezähne. An sie schließen sich ein Eckzahn, zwei kleine Backenzähne und drei Mahlzähne an.

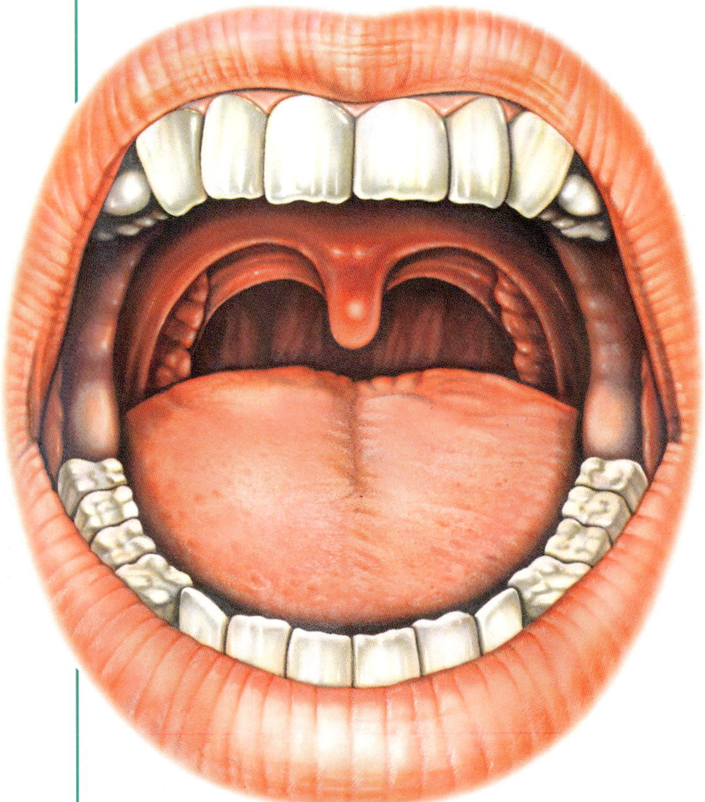

Der Mund ist die Pforte zum Verdauungssystem. Hier wird die Nahrung gekaut und angefeuchtet.

ZÄHNE

Es gibt vier Haupttypen von Zähnen: Die scharfkantigen Schneidezähne im vorderen Mundbereich trennen Stücke von großen Brocken ab. Die längeren, spitzeren Eckzähne zerreißen die Bissen, und die kleinen Backen- und die Mahlzähne im hinteren Bereich zerquetschen und zermahlen sie. Jeder Zahn besitzt eine lange Wurzel, die ihn fest im Kieferknochen verankert, und eine Krone, die aus dem weichen rosa Zahnfleisch herausragt. Die Krone ist mit weißem Zahnschmelz überzogen, der härtesten Substanz im ganzen Körper.

Aufbau eines Zahns

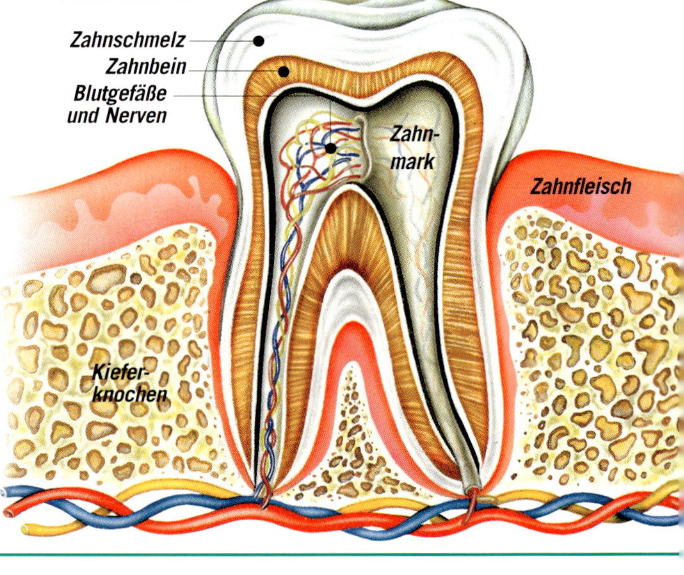

IM MUND

Die Zähne beißen Stücke von der Nahrung ab und zerkauen sie. Speichel feuchtet die Bissen an, damit sie leicht zu schlucken sind. Die Zunge schmeckt die Nahrung, um festzustellen, ob sie verdorben ist, und bewegt sie, damit sie gut durchgekaut werden kann. Die Lippen verhindern, dass während des Kauens Essen aus dem Mund fällt oder Getränke herausrinnen.

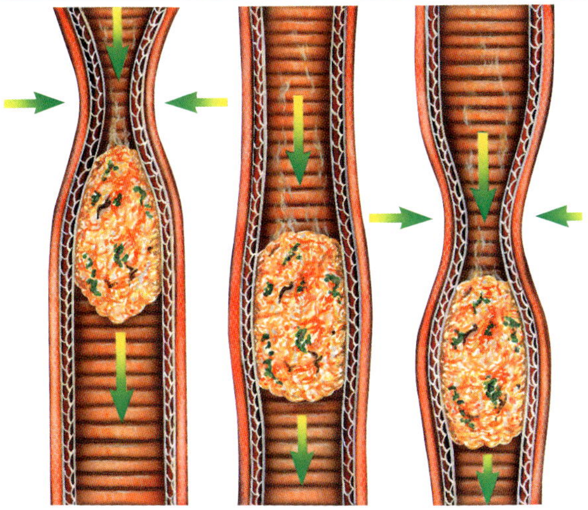

Wellenförmige Muskelbewegungen (Peristaltik) schieben die Nahrung durch Speiseröhre, Magen und Darm.

Zwei wichtige Organe helfen bei der Verdauung mit: Die Bauchspeicheldrüse (Pankreas) ist keilförmig und liegt links hinter der Magenwand. Hier werden Verdauungssäfte produziert, die durch einen Gang in den Dünndarm gelangen und die Nahrung noch weiter aufspalten. Das andere Organ ist die Leber (*siehe Seite 36*), die in der rechten Körperseite vor dem Magen liegt. Dort wird eine gelbe Flüssigkeit erzeugt, die Galle genannt und in der Gallenblase gespeichert wird. Auch die Galle gelangt in den Dünndarm und hilft bei der Verdauung von Fetten.

Die wichtigsten Teile unseres Verdauungssystems

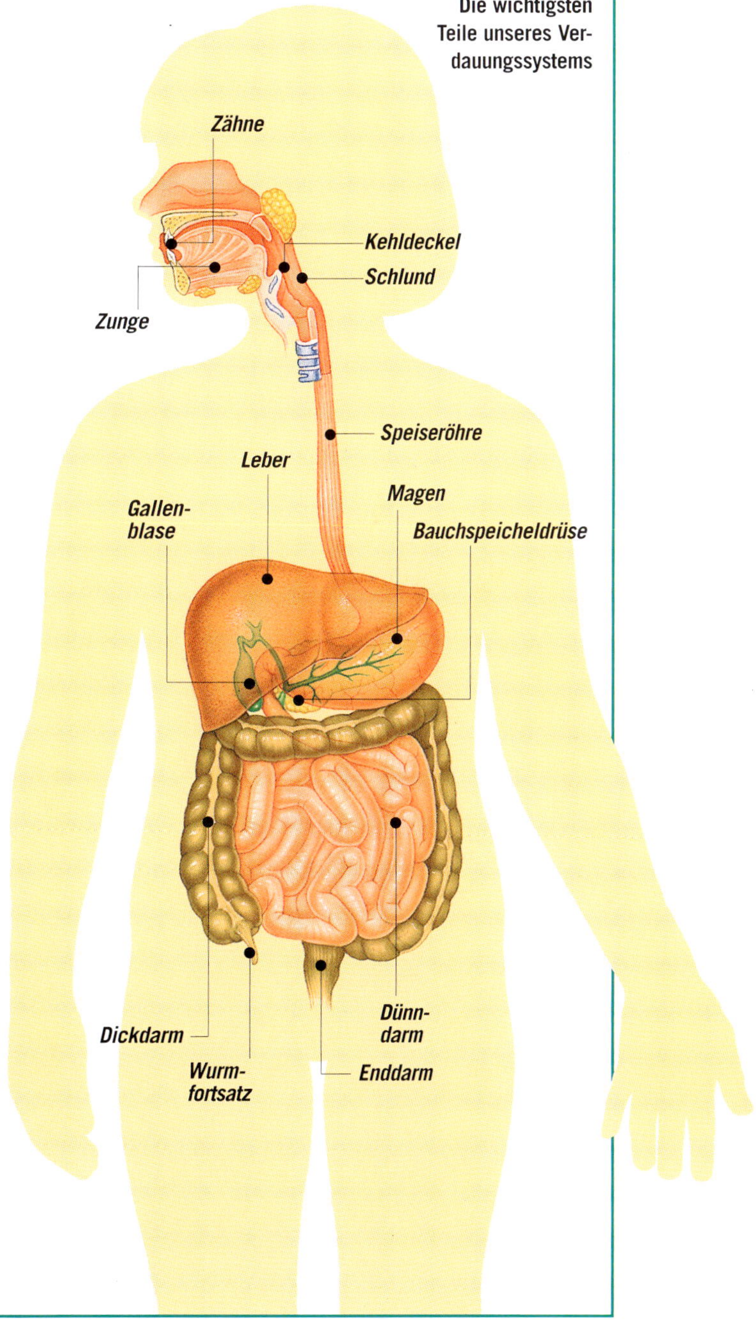

Speiseröhre und Magen

Geschluckte Nahrung wird durch die Speiseröhre gedrückt. Das geschieht mit wellenförmigen Bewegungen von Muskeln – ein Vorgang, der als Peristaltik bezeichnet wird. Die Nahrung gelangt in den Magen, einen J-förmigen Muskelsack, der sich wie ein Ballon ausdehnen und bis zu drei Liter Nahrung und Getränke fassen kann. Dort wird die Nahrung mit starken Verdauungssäften vermischt und in immer kleinere Bestandteile aufgespalten. Eine normale Mahlzeit wird drei bis sechs Stunden lang im Magen verdaut. Wenn die Nahrung verdorben oder anderweitig nicht in Ordnung ist, wirkt die Peristaltik in der umgekehrten Richtung: Wir müssen erbrechen.

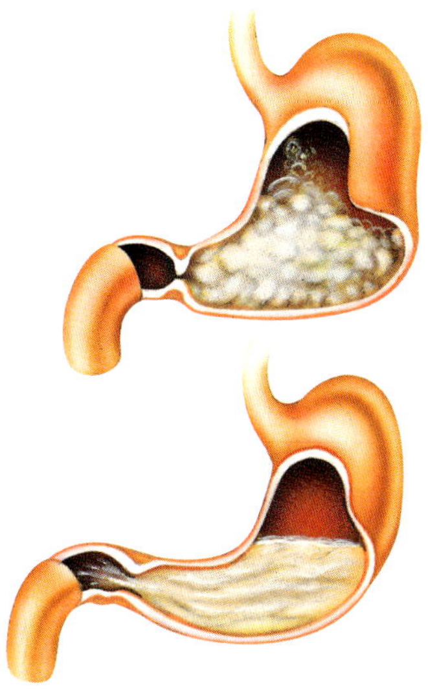

Wenn sich der Magen mit Nahrung füllt, dehnt er sich aus und verdaut die Nahrung, was auf mechanischem und chemischem Wege geschieht. Muskeln in der Magenwand kneten die Nahrung durch. Die Magenschleimhaut sondert starke Verdauungssäfte ab. Diese Säfte spalten die Nahrung chemisch auf. Das Ergebnis ist eine suppenartige Masse, die Chymus genannt wird und langsam in den nächsten Abschnitt des Verdauungssystems, den Dünndarm, gelangt.

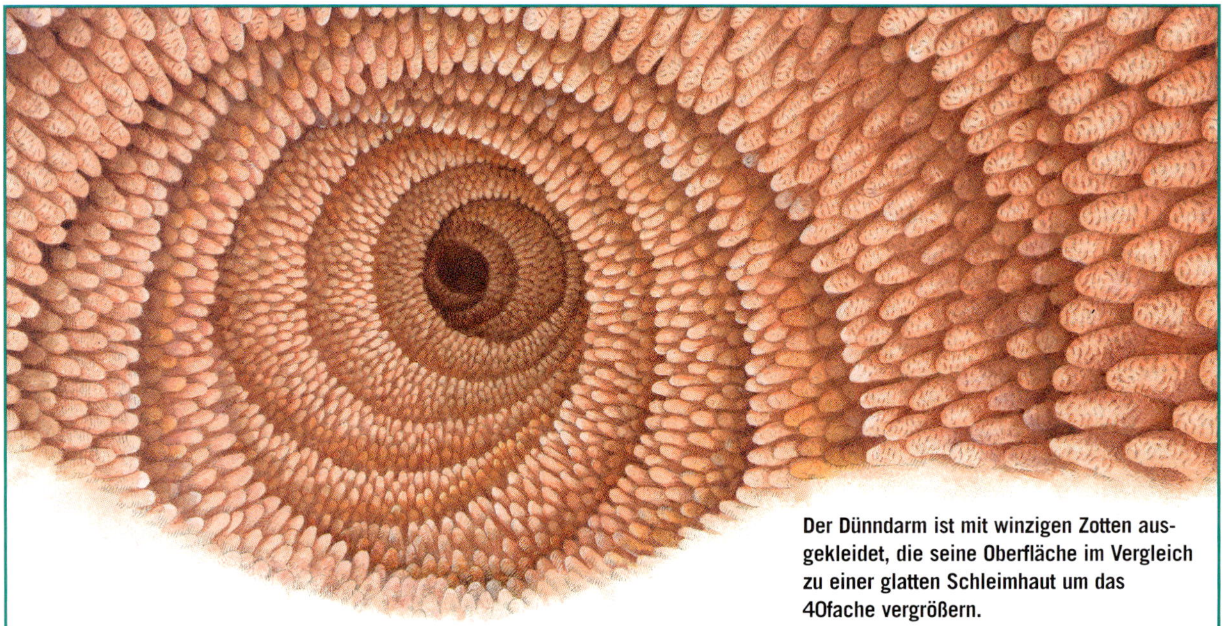

Der Dünndarm ist mit winzigen Zotten ausgekleidet, die seine Oberfläche im Vergleich zu einer glatten Schleimhaut um das 40fache vergrößern.

VERDAUUNG II

DAS GESAMTE Verdauungssystem ist vom Mund bis zum After ungefähr neun Meter lang. Im Bauch (*siehe Seite 35*) liegt der vielfach gewundene **Dünndarm**, der ungefähr sechs Meter lang ist. Seine Schleimhaut sondert Verdauungssäfte ab, die die chemische Aufspaltung der Nahrung vollenden. Die dabei entstehenden Nährstoffe sind so klein, dass sie durch die Darmwand ins Blut gelangen und zur **Leber** transportiert werden können. Die Leber ist eine Aufbereitungsanlage. Sie wandelt die Nährstoffe in bestimmte chemische Verbindungen um und speichert sie, bis sie gebraucht werden. Alle Substanzen, die der Körper nicht braucht, darunter auch Schadstoffe, befördert die Leber in die Nieren.

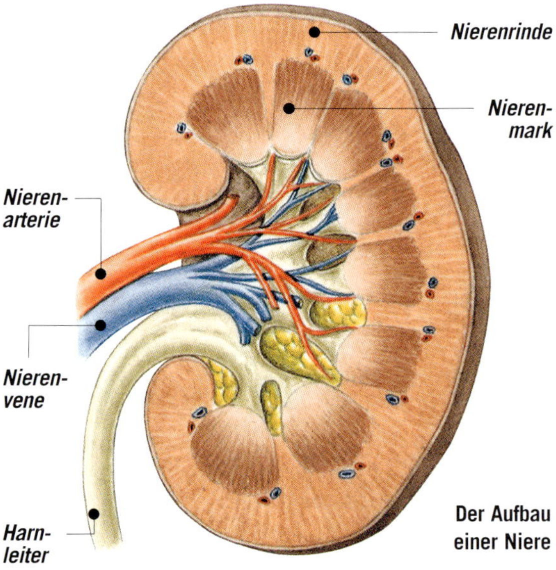

Der Aufbau einer Niere

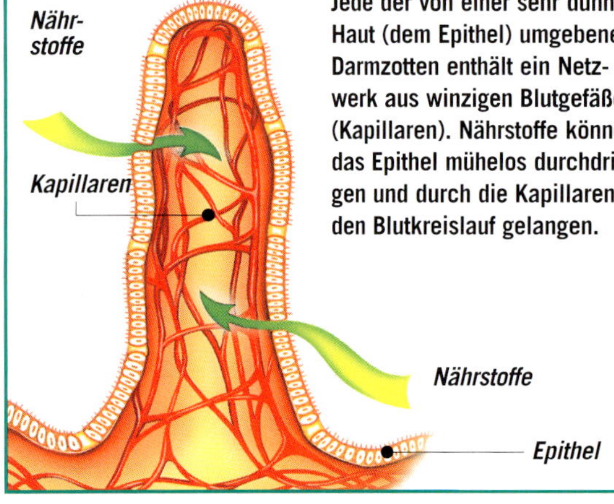

Jede der von einer sehr dünnen Haut (dem Epithel) umgebenen Darmzotten enthält ein Netzwerk aus winzigen Blutgefäßen (Kapillaren). Nährstoffe können das Epithel mühelos durchdringen und durch die Kapillaren in den Blutkreislauf gelangen.

DIE NIEREN

Durch die beiden Nieren fließt sehr viel Blut – mehr als ein Liter pro Minute. Es fließt durch etwa eine Million Filterorgane, die Nephrone genannt werden und in die Nierenrinde eingebettet sind. Die Nephrone entziehen dem Blut Abfallprodukte und überschüssiges Wasser, das dann durch das Nierenmark fließt. Dort wird ein Teil des Wassers, dem Bedarf des Körpers entsprechend, vom Blut wieder aufgenommen. Die Abfallprodukte und das restliche Wasser werden Urin genannt. Er fließt durch die Harnleiter in die Blase, einen dehnbaren Sack im unteren Bauchraum. Dort wird der Urin gespeichert, bis er ausgeschieden wird.

NÄHRSTOFFE

UM GESUND ZU bleiben, braucht der Körper viele verschiedene Nährstoffe. Sie lassen sich in sechs Gruppen aufteilen: Eiweiß, Fette, Kohlenhydrate, Vitamine, Minerale und Ballaststoffe. Die meisten Nahrungsmittel enthalten besonders viel von einer dieser Gruppen (*siehe Illustration unten*). Sehr viel Eiweiß (Protein) ist in Fleisch, Geflügel, Fisch, Milch, Hülsenfrüchten und grünem Gemüse enthalten. Eiweiß hilft beim Aufbau und der Erhaltung von Muskeln und anderen Körperteilen und ist deshalb für das Wachstum besonders wichtig. Fette (Lipide) sind in Fleisch, Milchprodukten, Torten und einigen Früchten wie Avocados, Oliven und Sonnenblumenkernen enthalten. Sie werden in kleinen Mengen für den Aufbau der Zellen und auch für gesunde Nerven gebraucht. Kohlenhydrate wie Stärke und Zucker stecken in Brot, Nudeln, Reis und anderen Getreidearten und in Kartoffeln. Sie liefern die Hauptenergie für Bewegung, Verdauung und andere Vorgänge im Körper.

VITAMINE UND MINERALE

Viele Vitamine und Minerale sind für unsere Gesundheit wichtig, werden aber nur in geringen Mengen gebraucht. Vitamine werden mit Buchstaben wie A, B und C bezeichnet. Vitaminmangel kann Krankheiten verursachen. Zum Beispiel kann ein Mangel an Vitamin A (enthalten in Möhren, Käse, Fisch und Leber) das Sehvermögen schädigen. Das Mineral Eisen ist in Fleisch, grünem Gemüse und Nüssen enthalten und ist für unser Blut wichtig. Eisenmangel kann die Ursache von Blutarmut (Anämie) sein.

BALLASTSTOFFE

Nur pflanzliche Nahrung enthält Ballaststoffe, zum Beispiel Vollkornbrot und andere Vollkornprodukte sowie viele Arten von frischem Obst und Gemüse. Ballaststoffe werden unverdaut wieder ausgeschieden. Sie sind wichtig, damit das Verdauungssystem effektiv arbeiten kann und gesund bleibt. Ballaststoffe erleichtern es dem Magen und dem Darm, die Nahrung gut durchzukneten und voran zu bewegen.

ATMUNG

UNSER KÖPER muss ständig mit Sauerstoff versorgt werden. Dieses unsichtbare Gas macht ungefähr ein Fünftel der uns umgebenden Luft aus. Es wird für chemische Prozesse in den Zellen (*siehe Seite 52*) gebraucht, damit Energie aus der Nahrung freigesetzt werden kann. Beim Atmen strömt Luft in die Lungen, die den Sauerstoff aufnehmen und ans Blut weitergeben.

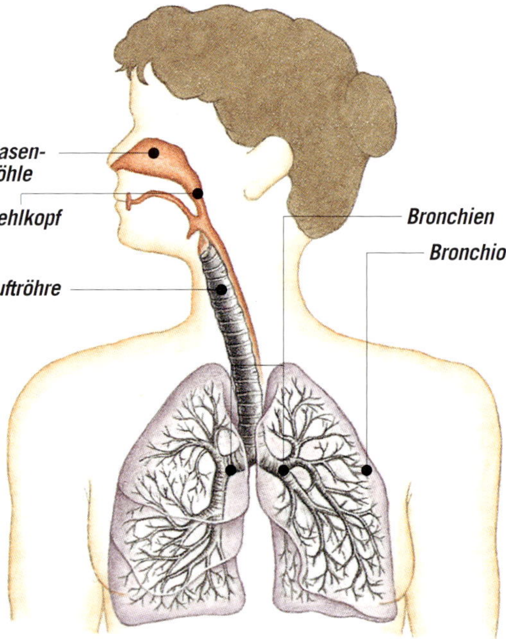

Die beiden Lungenflügel füllen den Brustkorb fast vollständig aus. Luft gelangt durch die Luftröhre, die sich an ihrem unteren Ende in zwei Äste (Bronchien) gabelt, in die Lungenflügel hinein.

DAS ATMUNGSSYSTEM

Das Atmungssystem sorgt dafür, dass frische Luft in den Körper strömt, der in ihr enthaltene Sauerstoff ins Blut gelangt und die verbrauchte Luft wieder abgegeben wird. Der wichtigste Teil dieses Systems ist die **Lunge**. Muskeln dehnen die Lunge aus, sodass sie größer wird und Luft ansaugt. Zu diesen Muskeln gehören das Zwerchfell unterhalb der Lunge und die Zwischenrippen-Muskulatur (*rechts*). Die Luft strömt durch Mund, Nase und die Luftröhre in die Lunge. Die „Hauptstraßen" zur Lunge, die Bronchien, verzweigen sich und werden dabei zu immer dünneren Bronchiolen, bis sie am Ende feiner als ein Haar sind.

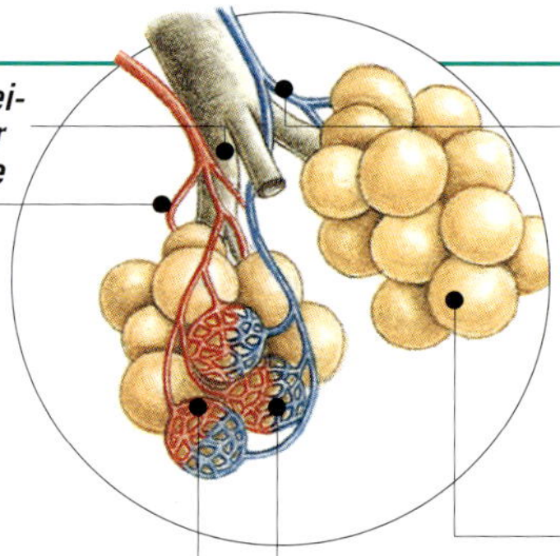

Wie Trauben an einem Stiel sitzen an der Endverzweigung einer Bronchiole winzige Luftbläschen, die Alveolen genannt werden. Jede Gruppe von Alveolen ist von einem Netzwerk mikroskopisch kleiner Kapillaren umgeben. Dunkles, sauerstoffarmes Blut fließt in die Kapillaren. Es nimmt den Sauerstoff, der in der Luft in den Alveolen enthaltenen ist, auf und verwandelt sich in helles, sauerstoffreiches Blut.

Jede Endverzweigung einer Bronchiole steht mit einer Traube von winzigen Luftbläschen (Alveolen) in Verbindung. Jeder Lungenflügel enthält ungefähr 300 Millionen **Alveolen.** Sie verleihen der Lunge eine schwammartige Struktur. In die Lunge gelangt außer frischer Luft über die Lungenarterien auch sauerstoffarmes Blut aus dem Herz. Diese Arterien verzweigen sich zu einem Netzwerk aus kleinsten Blutgefäßen (Kapillaren), das die Alveolen umgibt. Der in der Luft in den Alveolen enthaltene Sauerstoff dringt durch die dünnen Wände der Alveolen und Kapillaren und gelangt so ins Blut. Dieses sauerstoffreiche Blut fließt durch die Lungenvenen zum Herz zurück.

Einatmen – das Zwerchfell flacht ab, der Brustraum erweitert sich.

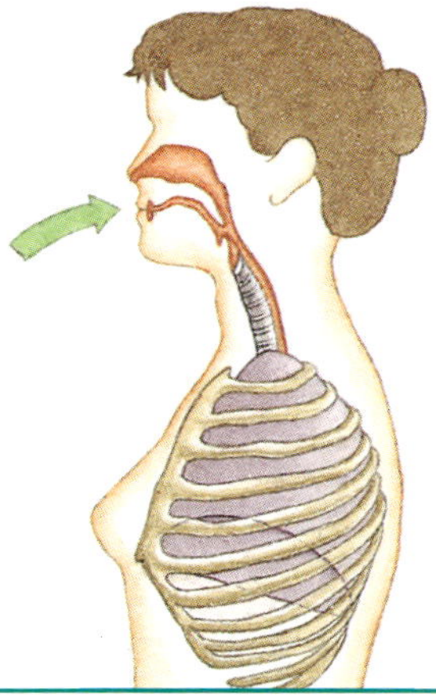

Ausatmen – das Zwerchfell wölbt sich, der Brustraum verengt sich.

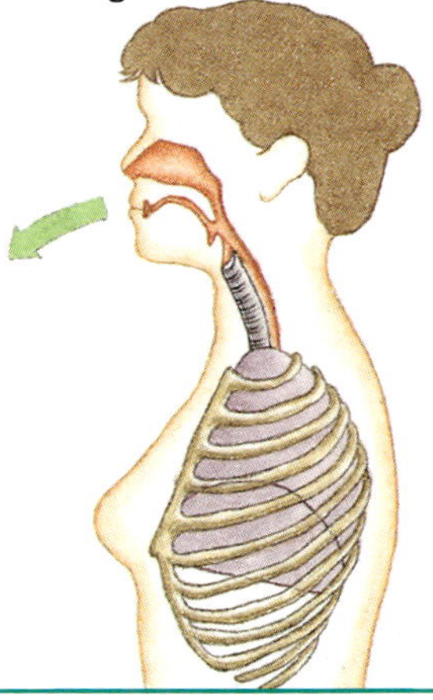

ATEMFREQUENZ

Während Sauerstoff aus der Atemluft durch die Alveolen ins Blut gelangt, schlägt das Abfallprodukt Kohlendioxid den umgekehrten Weg ein – vom Blut in die Luft. Diese verbrauchte Luft wird aus den Lungen herausgepresst, wenn sich die Atemmuskeln entspannen und die erweiterte Lunge wieder kleiner wird. In Ruhe atmet ein Erwachsener ungefähr 12-mal in der Minute ein und aus, und zwar jeweils etwa einen halben Liter Luft. Nach einem sehr schnellen Lauf kann die Frequenz bei 60 Atemzügen pro Minute liegen. Dabei werden jedes Mal bis zu zwei Liter Luft eingeatmet, weil die Muskeln mit zusätzlichem Sauerstoff versorgt werden müssen.

Im Gegensatz zu Fischen können Menschen unter Wasser nicht atmen. Deshalb führen Taucher Luft mit sich. Die Luft in der Taucherflasche ist stark zusammengepresst, damit sehr viel davon auf kleinem Raum untergebracht werden kann.

SCHUTZ DER LUNGE

Die Lunge ist sehr empfindlich. Härchen in der Nase filtern bereits beim Einatmen in der Luft schwebenden Staub und andere Schadstoffe heraus. Die Luftwege sind mit einer klebrigen Schleimhaut ausgekleidet, an der Schmutz und Staub haften. Mikroskopisch kleine Härchen befördern Schleim und eingefangenen Schmutz in den Schlund, wo er geschluckt werden kann.

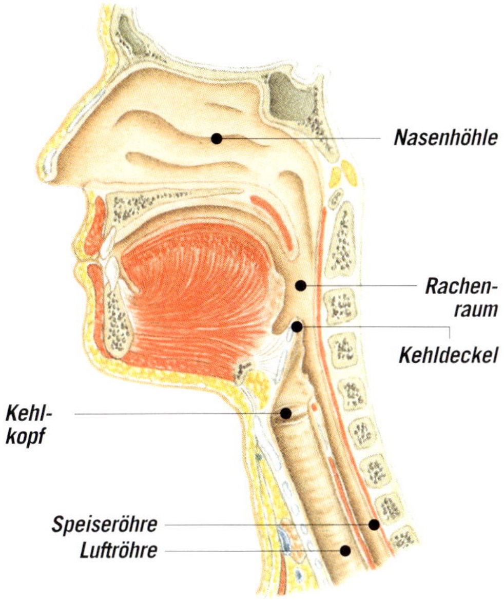

Der Kehlkopf sitzt am Anfang der Luftröhre, dort, wo sie in den Rachen übergeht. Er hat die Form eines Kastens und besteht aus Knorpel.

SPRACHE

Die aus den Lungen ausströmende Luft befördert nicht nur Kohlendioxid. Sie bewirkt auch noch etwas anderes: Sprache. Am oberen Ende der Luftröhre befindet sich der **Kehlkopf**. In ihn ragen faltenähnliche Knorpelgebilde hinein, die Stimmbänder genannt werden. Wenn wir sprechen, ziehen Muskeln die Stimmbänder so eng zusammen, dass zwischen ihnen nur ein schmaler Schlitz bleibt. Durch den Schlitz strömende Luft bewirkt, dass sie vibrieren – dadurch entstehen Laute. Bewegungen von Mund, Wangen, Zähnen, Zunge und Lippen wandeln diese Laute in deutliche Worte um.

Hohe Töne entstehen, wenn Muskeln die Stimmbänder straff spannen und in die Länge ziehen.

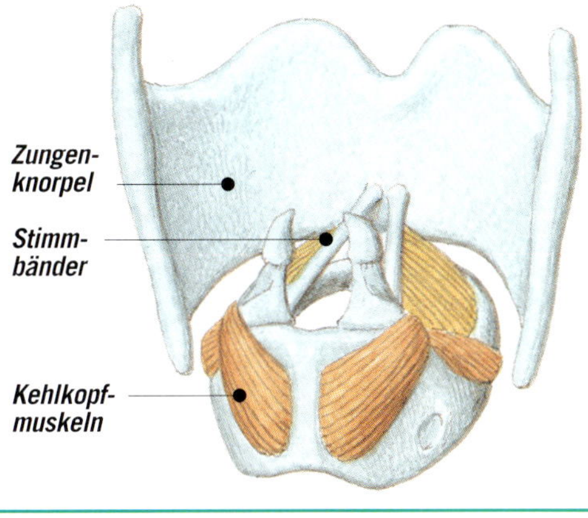

DAS HERZ

ALLE MUSKELN und andere Gewebe, aus denen der Körper besteht, müssen ständig mit Sauerstoff und Nährstoffen versorgt werden. Diese Aufgabe erfüllt das Kreislaufsystem.

Im Zentrum des Kreislaufsystems liegt das Herz. Es pumpt das Blut durch den Körper. Das Herz ist ungefähr so groß wie deine Faust und ein unvorstellbar kräftiges, ausschließlich aus Muskeln bestehendes Organ. Im Leben eines Menschen schlägt es durchschnittlich mehr als zwei Milliarden Mal und pumpt stündlich ungefähr 340 Liter Blut – genug, um alle sieben Minuten den Benzintank eines Autos zu füllen.

Mit frischem Sauerstoff angereichertes Blut fließt durch die Lungenvenen von den Lungen zum Herz. Gleichzeitig gelangt sauerstoffarmes Blut aus den Muskeln und anderen Körpergeweben zum Herz zurück. Das Herz pumpt das frische Blut in alle Körperteile und das verbrauchte in die Lungen. Das geschieht mit so hohem Druck, dass das Blut nicht nur abwärts, sondern auch – entgegen der Schwerkraft – aufwärts ins Gehirn fließen kann. Das Pumpen kannst du fühlen, wenn du deine Finger auf die Daumenseite deines Handgelenks oder seitlich an den Hals legst. An beiden Stellen verläuft eine Arterie dicht unter der Haut.

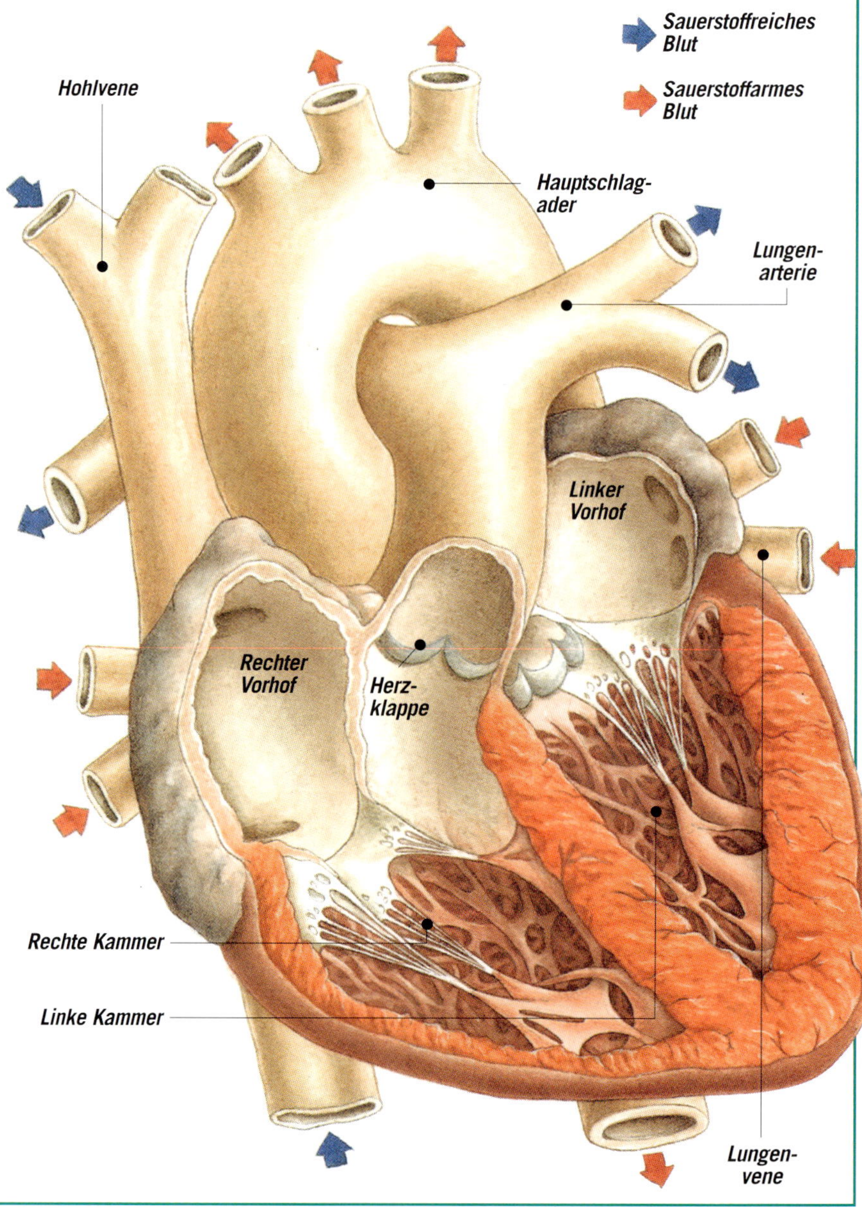

Das Herz hat vier Kammern: rechter und linker Vorhof (Atrium) und rechte und linke Kammer (Ventrikel). Ventile, Herzklappen genannt, schließen sich und verhindern damit, dass Blut zurückfließt, nachdem es in eine Kammer gelangt ist. Dieses Schließen der Herzklappen ist der Herzschlag. Blut aus der Lunge gelangt ins Herz durch die Lungenvenen (*in der Schemazeichnung unten rot dargestellt*); Blut aus dem Rest des Körpers durch die Hohlvene (*blau*). Dann zieht sich der Herzmuskel zusammen, und das Blut wird herausgedrückt. Ein Teil davon wandert durch die Lungenarterien zu den Lungen, der Rest gelangt über die Hauptschlagader (Aorta) in den Körper.

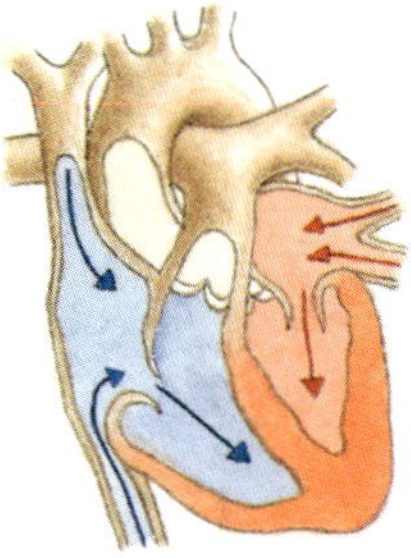

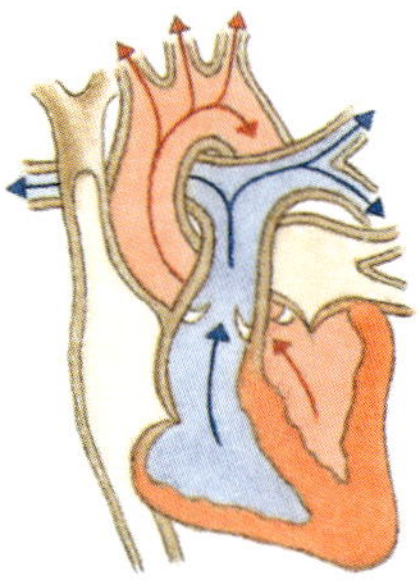

DAS BLUT

DAS VOM HERZ durch den Körper gepumpte Blut erhält Sauerstoff von der Lunge und gelöste Nährstoffe von der Leber und befördert sie in alle Körperteile. Außerdem transportiert es Abfallstoffe, hilft bei der Kühlung des Körpers, wenn er überhitzt ist, verklumpt sich, wenn die Haut verletzt wurde, und bietet Schutz vor Viren und Bakterien.

Die **Venen** und **Arterien** in unserem Körper gleichen einer Seite in einem Straßenatlas. Es gibt Autobahnen – die großen Gefäße, die vom Herz zu den Gliedmaßen und in den Kopf führen. Daneben gibt es Landstraßen und schmale Pfade – winzige Gefäße, die Kapillaren genannt werden und alle Körperzellen erreichen.

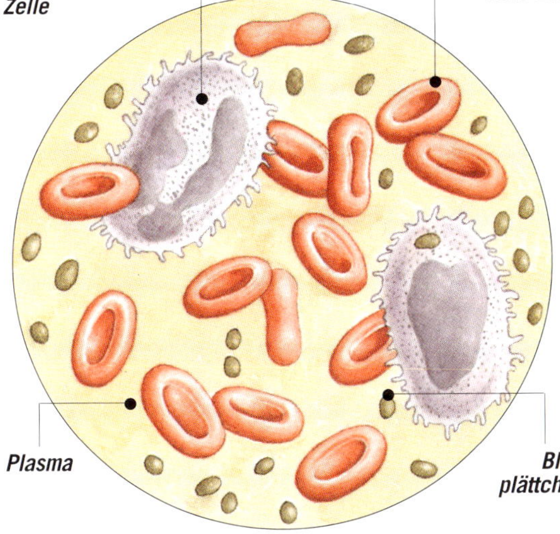

Unter einem starken Mikroskop kann man verschiedene Zellen erkennen, die im Blut schwimmen. Ein stecknadelkopfgroßer Tropfen Blut enthält ungefähr fünf Millionen rote Blutzellen.

Blut besteht aus winzigen Zellen, die in einer gelblichen, wässrigen Flüssigkeit, dem Plasma, schwimmen. Es gibt rote Zellen, die den Sauerstoff transportieren, weiße Zellen, die Eindringlinge wie Viren und Bakterien bekämpfen, und Blutplättchen, die verklumpen können und so eine blutende Wunde versiegeln. Bei der Bekämpfung von Krankheiten arbeiten mehrere Arten von weißen Zellen zusammen: T-Zellen erkennen fremde Eindringlinge; B-Zellen erzeugen tödliche Antikörper, die sich an die Eindringlinge heften; Makrophagen nehmen diese in sich auf und vernichten sie.

In den Arterien (*in Rot abgebildet*) fließt Blut vom Herz in den Rest des Körpers, während Venen (*blau*) das Blut in die entgegengesetzte Richtung befördern. Arterien und Venen verlaufen in beiden Körperhälften, aber der Deutlichkeit halber sind sie hier jeweils nur auf einer Körperseite dargestellt.

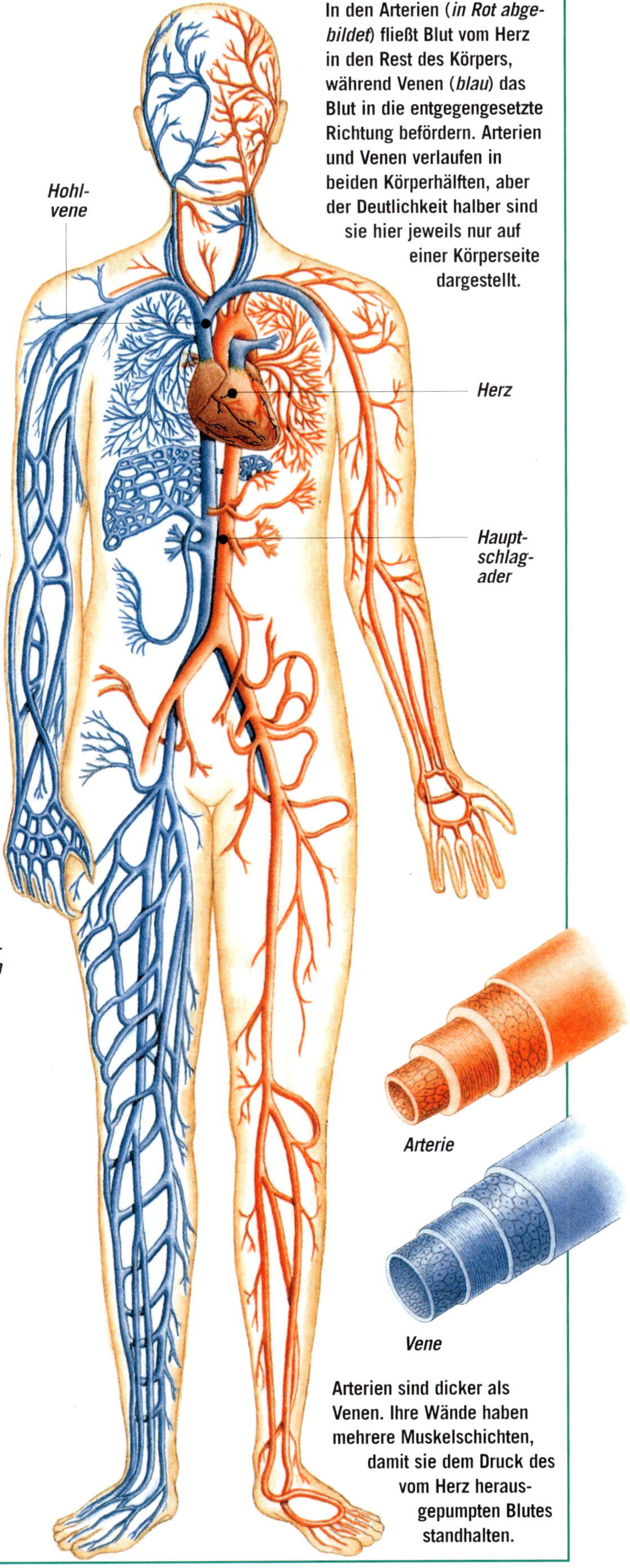

Arterien sind dicker als Venen. Ihre Wände haben mehrere Muskelschichten, damit sie dem Druck des vom Herz herausgepumpten Blutes standhalten.

Muskeln

DIE RUND 640 Muskeln machen etwa zwei Fünftel des Körpergewichts aus. Die meisten von ihnen stehen mit den Knochen des Skeletts in Verbindung und sorgen dafür, dass sich der Körper bewegen kann. Weil die Skelettmuskeln unter dem Mikroskop gestreift aussehen, werden sie auch quergestreifte Muskeln genannt.

Muskeln

1 *Stirnmuskel*
2 *Kaumuskel*
3 *Augenringmuskel*
4 *Mundringmuskel*
5 *Kopfwender*
6 *Trapez*
7 *Delta*
8 *Bizeps*
9 *Oberarmspeichenmuskel*
10 *Handbeuger*
11 *Handwurzelscheide*
12 *Schräger äußerer Bauchmuskel*
13 *Gerader Bauchmuskel*
14 *Schneidermuskel*
15 *Gerader Oberschenkelmuskel*
16 *Äußerer Schenkelmuskel*
17 *Mittlerer Schenkelmuskel*
18 *Vorderer Schienbeinmuskel*
19 *Wadenmuskel*
20 *Langer Wadenbeinmuskel*
21 *Zehenstrecker*
22 *Fußwurzelscheide*

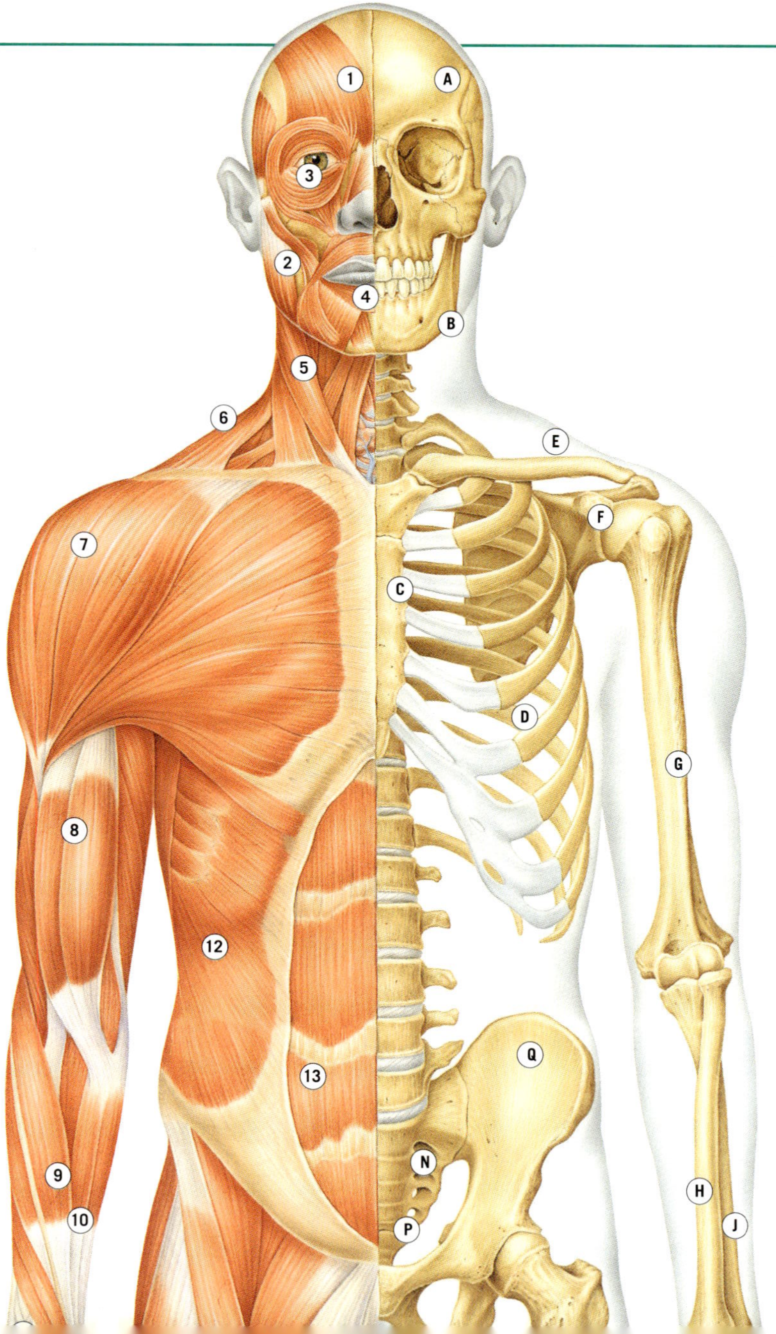

Das Skelett

DIE 206 KNOCHEN des Skeletts bilden ein stabiles Gerüst für den Rest des Körpers, der weich und biegsam ist. Die verschiedenen Teile des Skeletts dienen bestimmten Zwecken: Die Schädelknochen bilden eine schützende Hülle für das Gehirn. Die Knochen der Wirbelsäule (Wirbel) liefern dem Körper eine kräftige und dennoch biegsame Stütze, und die langen Knochen der Gliedmaßen wirken wie Hebel.

Skelett

A ***Schädel*** *(Cranium)*
B ***Unterkiefer*** *(Mandibula)*
C ***Brustbein*** *(Sternum)*
D ***Rippen***
E ***Schlüsselbein*** *(Clavicula)*
F ***Schulterblatt*** *(Scapula)*
G ***Oberarm*** *(Humerus)*
H ***Speiche*** *(Radius)*
J ***Elle*** *(Ulna)*
K ***Handwurzelknochen*** *(Carpalia)*
L ***Mittelhandknochen*** *(Metacarpalia)*
M ***Fingerknochen*** *(Phalangen)*
N ***Kreuzbein*** *(Sacrum)*
P ***Steißbein*** *(Coccyx)*
Q ***Hüftbein*** *(Coxa)*
R ***Oberschenkel*** *(Femur)*
S ***Kniescheibe*** *(Patella)*
T ***Wadenbein*** *(Fibula)*
U ***Schienbein*** *(Tibia)*
V ***Fußwurzelknochen*** *(Tarsalia)*
W ***Mittelfußknochen*** *(Metatarsalia)*
X ***Zehenknochen*** *(Phalangen)*

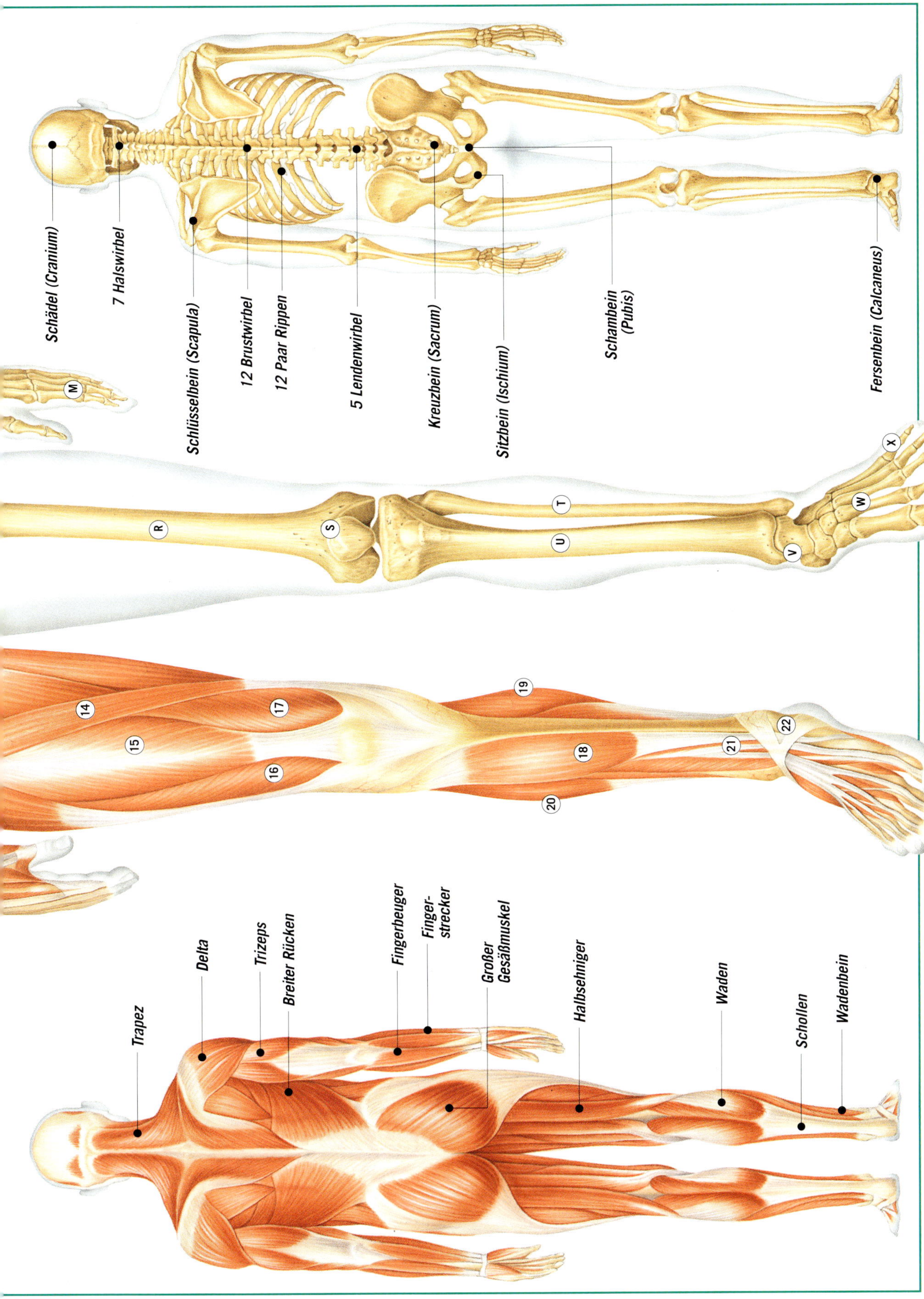
Schädel (Cranium)
7 Halswirbel
Schlüsselbein (Scapula)
12 Brustwirbel
12 Paar Rippen
5 Lendenwirbel
Kreuzbein (Sacrum)
Sitzbein (Ischium)
Schambein (Pubis)
Fersenbein (Calcaneus)
M
R
S
T
U
V
W
X
14
15
16
17
18
19
20
21
22
Trapez
Delta
Trizeps
Breiter Rücken
Fingerbeuger
Finger-strecker
Großer Gesäßmuskel
Halbsehniger
Waden
Schollen
Wadenbein

MUSKELN

JEDE BEWEGUNG des Körpers wird von Muskeln erzeugt. Ein Muskel ist ein Teil des Körpers, der so aufgebaut ist, dass er sich zusammenziehen und verkürzen kann (*siehe Seite 42*). Die meisten Muskeln sind lang und schlank und enden in seilähnlichen Sehnen, die sie fest an den Knochen des Skeletts verankern. Wenn sich ein Muskel zusammenzieht, wird er dicker, übt Zug auf einen Knochen aus und bewegt den jeweiligen Körperteil.

Der größte Muskel ist der Große Gesäßmuskel. Er zieht den Oberschenkel an der Hüfte nach hinten – langsam beim Gehen und mit stärkerer Kraft und Schnelligkeit beim Laufen und Springen. Der kleinste Muskel ist der Steigbügelspanner im Innenohr. Er ist nur wenige Millimeter lang und dünner als ein Faden. Er wirkt auf eines der Gehörknöchelchen, den Steigbügel, ein und verhindert, dass laute Geräusche das Innenohr schädigen.

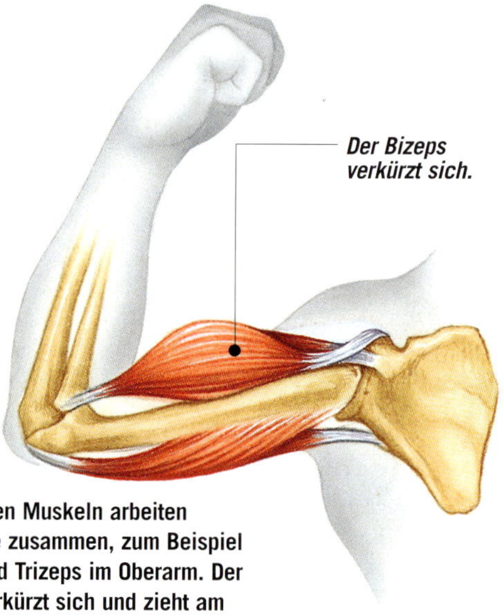

Die meisten Muskeln arbeiten paarweise zusammen, zum Beispiel Bizeps und Trizeps im Oberarm. Der Bizeps verkürzt sich und zieht am Unterarm, der daraufhin am Ellenbogen gebeugt wird. Dann verkürzt sich der Trizeps und zieht den Arm wieder gerade; gleichzeitig entspannt sich der Bizeps.

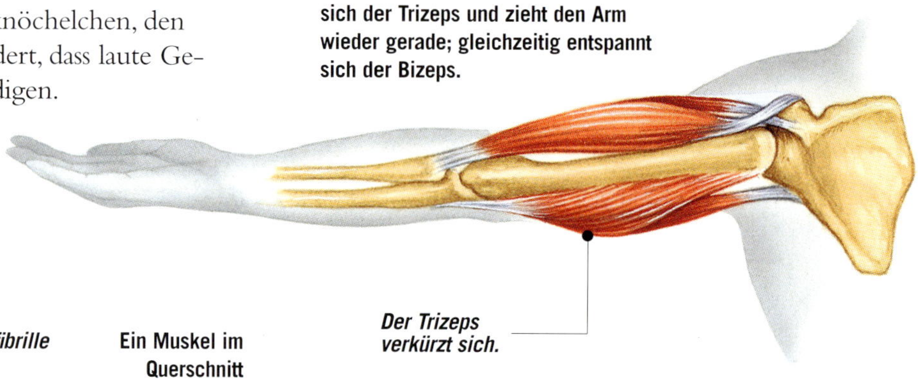

Ein Muskel besteht aus zahlreichen Faserbündeln. Jedes Faserbündel besteht aus noch dünneren Fasern, die Myofibrillen genannt werden.

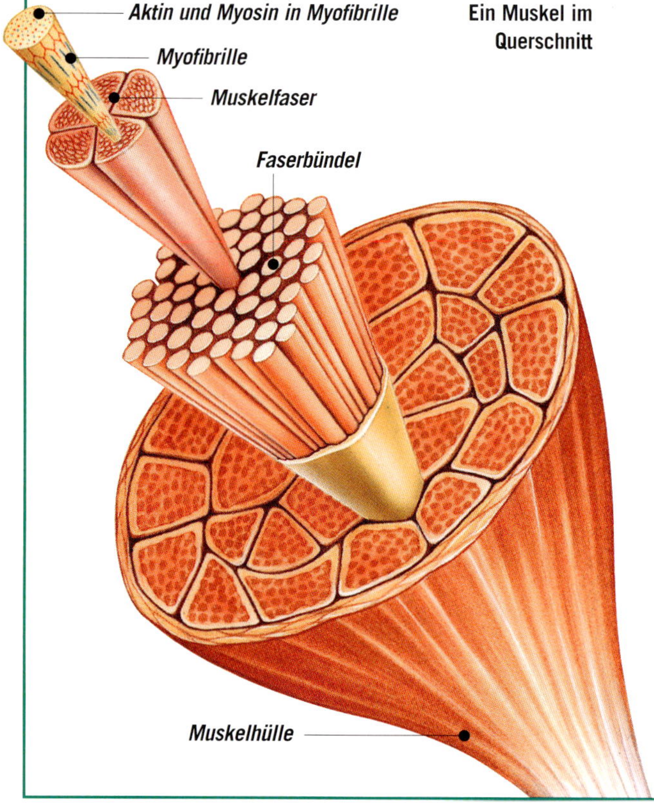

Ein Muskel im Querschnitt

WIE MUSKELN ARBEITEN

Jeder Muskel steht über Nerven mit dem Gehirn in Verbindung. Der Muskel selbst besteht aus Bündeln von dünnen Fasern, die aus noch dünneren, nur unter dem Mikroskop sichtbaren Myofibrillen zusammengesetzt sind. In jede dieser Myofibrillen sind lange Stränge von Eiweißverbindungen eingebettet, die die Namen Aktin und Myosin tragen.

Wenn du eine bestimmte Bewegung machen willst, sendet das Gehirn über die zu den Muskeln führenden Nerven Signale aus. Diese Signale bewirken, dass die Aktin- und Myosinstränge aneinander vorbeigleiten. Jede dieser Eiweißverbindungen bewegt sich dabei nur um den Bruchteil eines Millimeters, aber diese geringfügigen Bewegungen summieren sich in den Tausenden von Myofibrillen in Hunderten von Fasern. Die meisten Muskeln können sich auf etwa zwei Drittel ihrer Länge verkürzen.

MUSKELN IN AKTION

Beim Blinzeln arbeitet nur ein einziger Muskel. Er sitzt im Augenlid, hat die Form eines O und wird Augenringmuskel genannt. Er steht nicht mit Knochen, sondern mit anderen Muskeln und Geweben in Verbindung. Wenn er sich zusammenzieht, bewegen sich die Seiten des O aufeinander zu und schließen die Lücke zwischen ihnen. Der Mundringmuskel arbeitet auf die gleiche Weise. Auch einige andere Gesichtsmuskeln sind nicht mit Knochen verbunden. Sie ziehen aneinander und ermöglichen uns so viele verschiedene Gesichtsausdrücke.

Die meisten Muskeln aber sind mit Knochen verbunden und nur selten arbeitet ein Muskel allein. Um einen Knochen gezielt bewegen zu können, arbeiten sie paarweise oder in Gruppen zusammen. Ein Knochen kann mit 20 oder 30 Muskeln in Verbindung stehen, die an verschiedenen Stellen sitzen und in unterschiedliche Richtungen ziehen. Das bedeutet, dass die unterschiedlichen Muskeln den Knochen in fast jede Richtung kippen und drehen können, zum Beispiel, wenn du die Handfläche an deinem ausgestreckten Arm von oben nach unten drehst.

Die inneren Organe wie der Darm und die Blase werden gleichfalls über Muskeln bewegt, und auch das Herz ist ein Muskel.

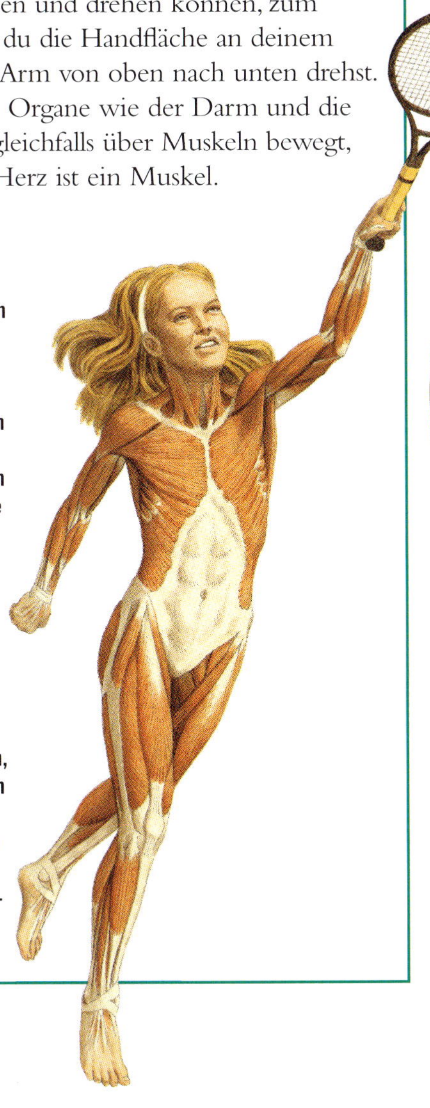

Wenn du Tennis spielst, sind nicht nur mehr als hundert Muskeln in Schulter, Arm, Handgelenk und Hand beteiligt, sondern auch noch viele weitere Muskeln in deinem Körper. Der andere Arm bewegt sich und sorgt so für dein Gleichgewicht. Dein Oberkörper kippt nach vorn und verleiht dem Schlag mehr Kraft. Du stellst dich auf die Zehen, und im Endstadium des Schlages tritt ein Bein vor. Nach dem Schlag hast du fast jeden Muskel deines Körpers beansprucht.

DIE HAUT

DAS GRÖSSTE Organ des menschlichen Körpers ist die Hülle, die ihn umgibt – die Haut. Sie gleicht einem flexiblen Mantel, der den Körper vor Verletzungen schützt und Schmutz und Krankheitserreger von ihm fern hält. Außerdem hält die Haut das empfindliche Körperinnere feucht und schützt es vor schädlichen Sonnenstrahlen. Am dicksten (5 Millimeter und mehr) ist die Haut an den Fußsohlen, am dünnsten (etwa 0,5 Millimeter) an den Augenlidern.

Der Haut verdankt der Körper auch den Tastsinn. Millionen von mikroskopisch kleinen, dicht unter der Oberfläche endende Nervenfasern registrieren Berührungen, Druck, Wärme, Kälte und Schmerz. Aus winzigen Gruben, den so genannten Follikeln, wachsen Haare heraus – rund 112 000 auf dem Kopf und 4 Millionen wesentlich dünnere auf der Körperoberfläche. Außerdem sondert die Haut Schweiß ab und reguliert die durch sie hindurch fließende Blutmenge so, dass der Körper auch bei Hitze kühl bleibt.

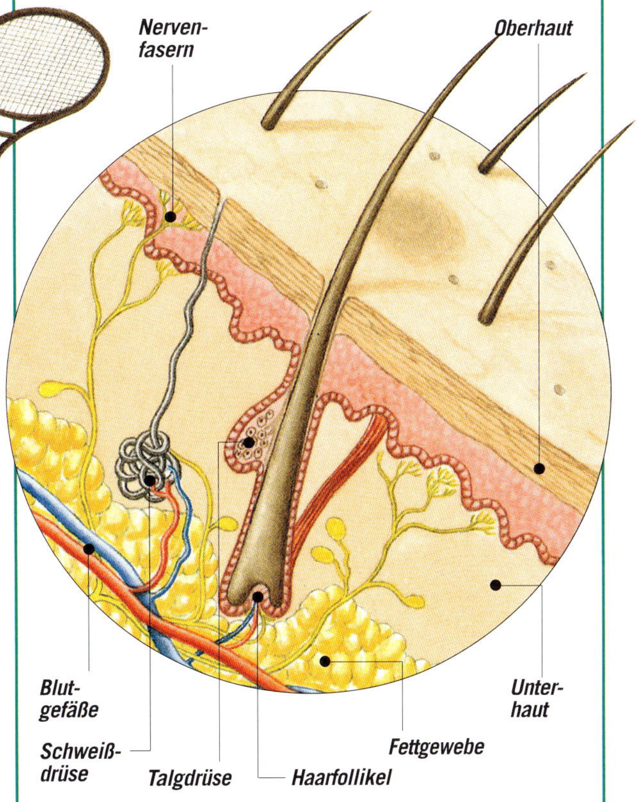

Dies ist ein stark vergrößerter Querschnitt durch die Haut. Sie besteht aus zwei Schichten: Die Oberhaut erneuert sich immer wieder, weil ihre oberste Lage aus toten Zellen ständig abgerieben wird. In der wesentlich dickeren Unterhaut liegen Nervenfasern, Blutgefäße, Schweißdrüsen und Haarfollikel.

KNOCHEN UND GELENKE

UNSER SKELETT besteht aus 206 Knochen (*siehe Seite 42*). Jeder Knochen bildet eine innere Stütze für den jeweiligen Körperteil. Außerdem sind an ihm die Muskeln verankert, die ihn ziehen und so Bewegungen auslösen. Alte Knochen eines Skeletts in einem Museum sind trocken, spröde und krümelig, aber ein Knochen in einem lebenden Körper ist sehr aktiv und lebendig. Er ist nicht trocken, sondern besteht zu etwa einem Fünftel aus Wasser. Der Knochen ist außerdem nicht spröde, sondern ein wenig biegsam, weil er eine flexible Substanz enthält, das so genannte Kollagen. Dennoch sind Knochen sehr hart, weil bestimmte Minerale wie Kalziumphosphat in sie eingelagert sind. Und wie jeder andere Körperteil enthält auch ein Knochen Blutgefäße und Nerven.

Die meisten Knochen sind nicht kompakt, sondern hohl und haben einen Innenraum, der mit einer weichen, gallertartigen Substanz, dem Knochenmark, gefüllt ist. Das Knochenmark produziert pro Sekunde zwei Millionen rote und weiße Blutzellen, die alte, tote Zellen ersetzen.

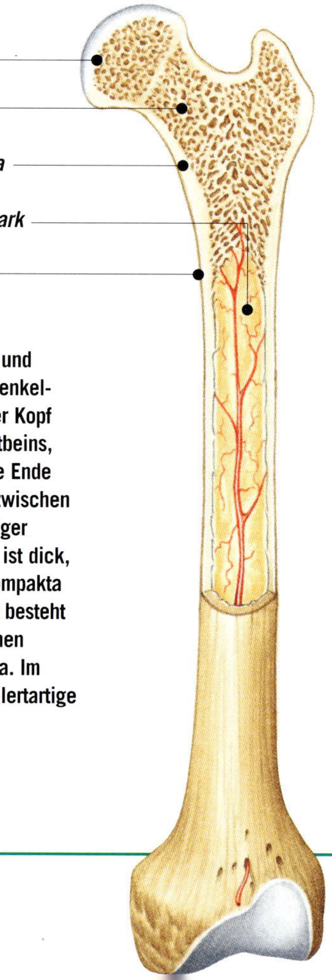

Manche Knochen sind lang und schlank wie dieser Oberschenkelknochen. Sein kugelförmiger Kopf passt in die Pfanne des Hüftbeins, das untere, knöchelähnliche Ende gehört zum Kniegelenk. Dazwischen liegt ein langer, röhrenförmiger Schaft. Seine Außenschicht ist dick, hart und kräftig und wird Kompakta genannt. Die innere Schicht besteht aus einem schwammähnlichen Gewebe und heißt Spongiosa. Im Knocheninnern liegt das gallertartige Knochenmark.

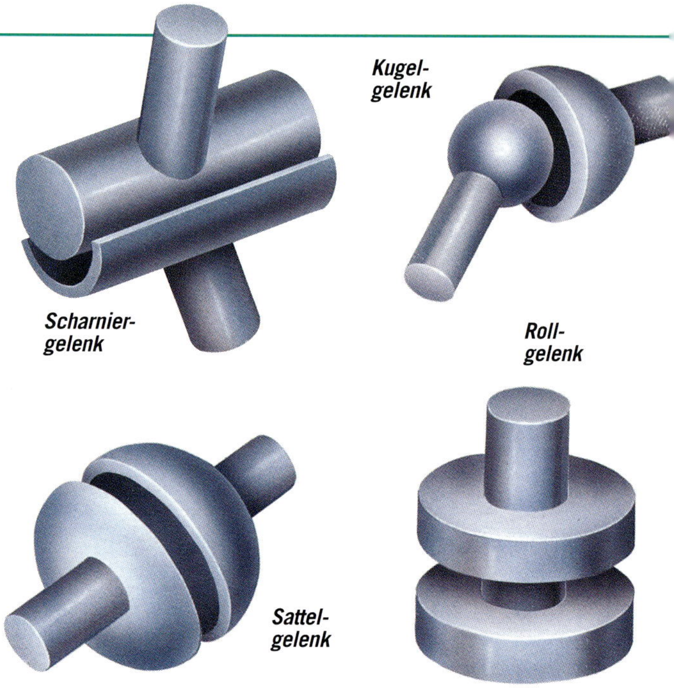

GELENKTYPEN

Die Verbindungsstellen zwischen den Knochen heißen Gelenke. An manchen Stellen, wie im Gesicht, sind die Knochen fest miteinander verbunden und können sich nicht bewegen. Solche Verbindungen werden Nähte genannt. Bei den meisten Gelenken können sich die Knochen gegeneinander bewegen. Es gibt mehrere Typen von Gelenken. Welche Form sie haben, hängt von der Knochenform ab. Sie ähneln mechanischen Gelenken, die Maschinenteilen bestimmte Bewegungen ermöglichen (*siehe oben*). Das Knie zum Beispiel ist ein Scharniergelenk, es ermöglicht nur Vorwärts- und Rückwärtsbewegung. Das Hüftgelenk ist ein Kugelgelenk, das sich in jede Richtung bewegen kann.

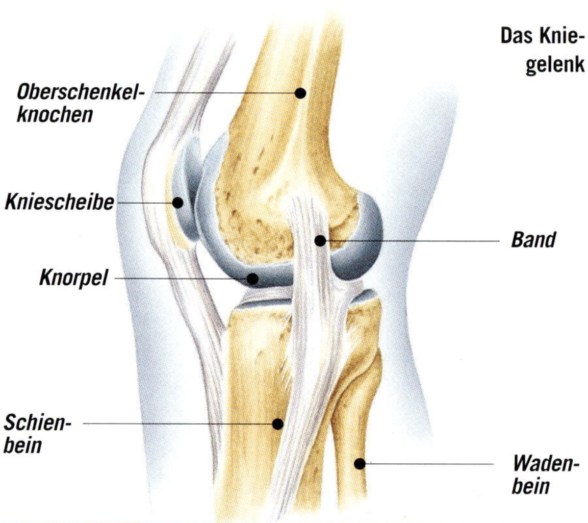

Das Innere des Kniegelenks

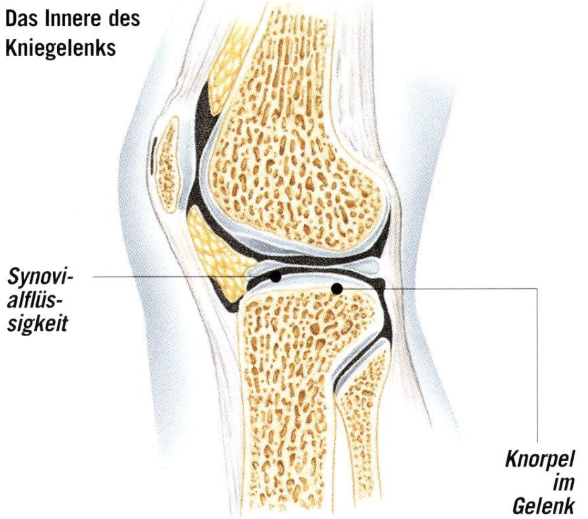

IN EINEM GELENK

In einem Gelenk sind die Knochenenden mit einer glatten, glänzenden und relativ weichen Substanz überzogen, die **Knorpel** genannt wird. Der Knorpel verhindert, dass sich die Knochenenden aneinander reiben und sich abnutzen. Die Knorpeloberflächen gleiten reibungslos übereinander hinweg. Die Knochenenden sind außerdem von flexiblen Kapseln umhüllt, die eine Substanz absondern, die Synovialflüssigkeit genannt wird und das Gelenk wie Öl in einer Maschine schmiert. Das Gelenk wird durch flexible Bindegewebsstränge, **Bänder** oder Ligamente genannt, stabilisiert. Sie verhindern, dass sich die Knochen voneinander lösen und dass das Gelenk überbeansprucht wird.

In der Hüfte gibt es sowohl Gelenke als auch Knochennähte. Das Hüftbein besteht aus sechs Knochen, die fest miteinander und mit dem Kreuzbein am unteren Ende der Wirbelsäule verbunden sind. Bei dem Gelenk im vorderen Bereich sind die Knochen durch die aus Knorpel bestehende und leicht dehnbare Schamfuge miteinander verbunden. Kugelgelenke ermöglichen den Beinen verschiedene Bewegungen.

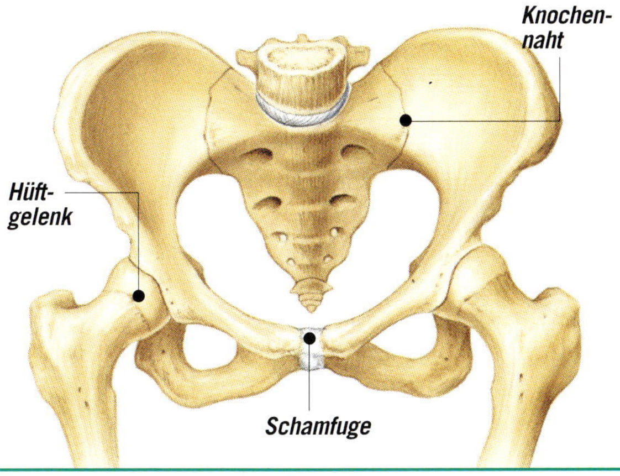

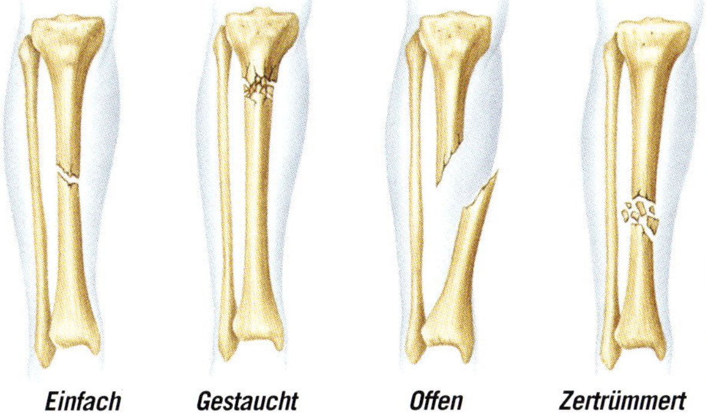

BRÜCHE

Knochen sind kräftig, aber manchmal können sie den auf sie einwirkenden Kräften nicht standhalten. Die Folge ist ein Bruch. Bei einem offenen oder komplizierten Bruch hat ein Knochenende die Haut durchstoßen (*oben*). Bei einem Trümmerbruch ist der Knochen in kleine Teile zersplittert, und bei einem Stauchungsbruch wurden die Knochenenden gegeneinander gerammt.

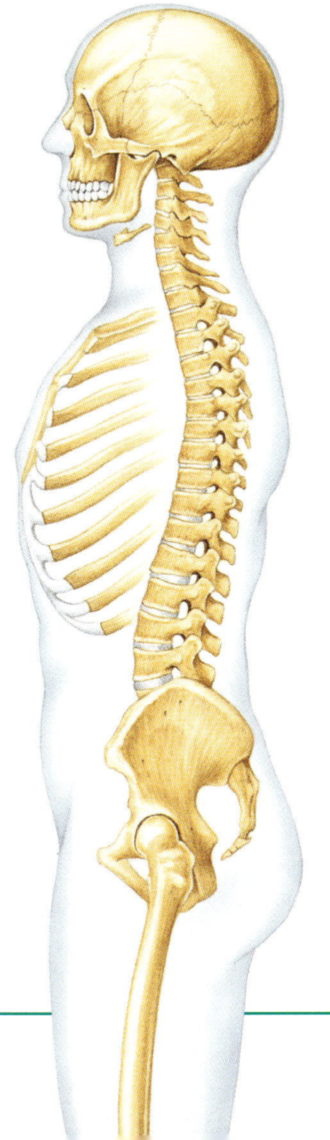

Die Wirbelsäule besteht aus 26 Einzelknochen, die wir Wirbel nennen. Jeder Wirbel ist mit dem Wirbel über und unter ihm durch ein einfaches ringförmiges Gelenk verbunden. Ausgenommen davon ist das obere Ende der Wirbelsäule, wo ein Spezialgelenk es uns ermöglicht, den Kopf zu drehen und zu nicken. Knorpelschichten zwischen jeweils zwei Wirbeln, Bandscheiben genannt, wirken als Stoßdämpfer; außerdem sind sie so flexibel, dass sie die Wirbel ein wenig verdrehen und kippen können. Diese kleinen Bewegungsspielräume wirken zusammen und ermöglichen es uns, unsere Wirbelsäule U-förmig zu biegen.

DAS GEHIRN

FÜR ALLES, was wir denken, uns vorstellen, wünschen oder empfinden, ist das Gehirn zuständig. Es liegt, von den Schädelknochen geschützt, in der oberen Hälfte des Kopfes und sieht aus wie ein großer, zerknitterter Klumpen aus rosa-grauem Gallert. Das Gehirn enthält ungefähr 50 Milliarden Nerzenzellen oder Neuronen (*siehe nächste Seite*), und jede dieser Nervenzellen steht mit Tausenden von anderen in Verbindung. Durch dieses Netzwerk wandern ständig winzige elektrische Impulse, die deine Gedanken und Erinnerungen auslösen. Signale von Nerven in allen Körperteilen gelangen ins Gehirn, und das Gehirn übermittelt Nervensignale an die Muskeln.

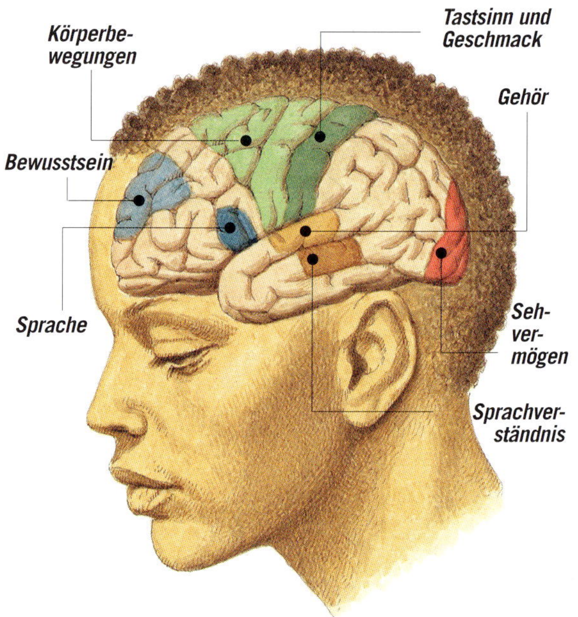

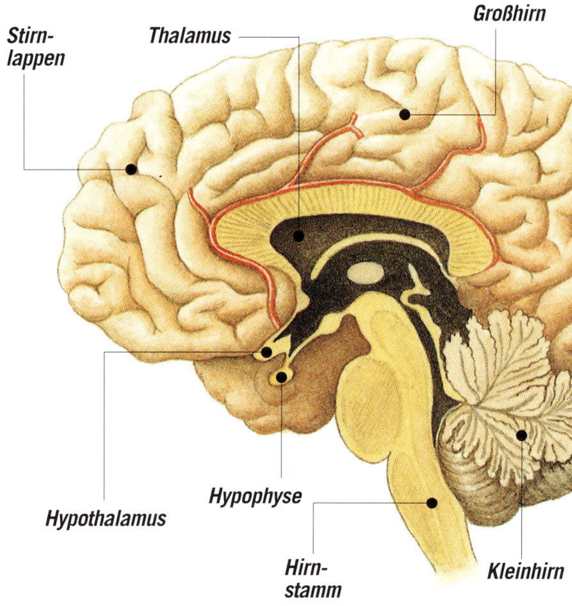

Das Großhirn macht vier Fünftel der Gehirnmasse aus. Seine drei bis fünf Millimeter dicke Außenschicht wird Hirnrinde genannt. Hier entstehen Ideen, Vorstellungen und Gedanken. Die Großhirnrinde besteht aus verschiedenen Zentren. Diese sind für verschiedene Nervensignale zuständig, die aus dem Körper kommen und in ihn übermittelt werden (*oben*). So werden zum Beispiel von den Augen kommende Signale im Sehzentrum im hinteren Teil des Gehirns verarbeitet. Ein Schnitt durch das Gehirn (*links*) zeigt seinen Aufbau. Der Hypothalamus steuert zum Beispiel den Sauerstoffgehalt des Blutes. Er übermittelt Signale an die unter ihm liegende Hypophyse, die das Hormonsystem des Körpers (*siehe Seite 51*) steuert.

IM INNERN DES GEHIRNS

Das Gehirn besteht aus vier Hauptteilen. Der Hirnstamm am unteren Ende stellt die Verbindung zum Rückenmark her (*siehe nächste Seite*). Er steuert unwillkürliche (automatisch ablaufende) Körperaktivitäten wie Herzschlag, Atmung und Verdauung. Das unmittelbar darüber liegende Zwischenhirn steht in enger Verbindung mit dem Hormonsystem (*siehe Seite 51*). Eines seiner Teile, der Thalamus, ist eine wichtige Schaltstelle zwischen den Sinnesorganen und dem Großhirn. Der dritte Teil ist das Kleinhirn im Hinterkopf. Es steuert die Muskelbewegungen und sorgt dafür, dass sie koordiniert ablaufen. Der vierte Teil, das Großhirn, ist für unser Denken zuständig.

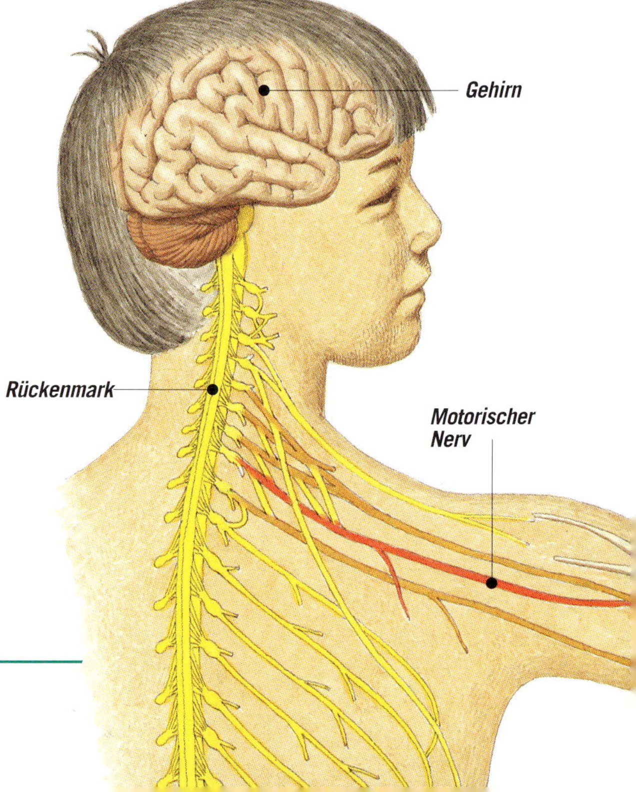

Nervenzellen und -impulse

Ein Nervenimpuls ist ein winziger Stromstoß, der sehr schnell, mit fast 100 Metern pro Sekunde, durch eine Nervenzelle saust. Eine Nervenzelle (*unten*) besteht aus einem Zellkörper, von dem kurze, dünne Fäden (Dendriten) sowie ein langer Fortsatz (das Axon) ausgehen. Die Dendriten registrieren Impulse von anderen Nervenzellen und leiten sie über das Axon an andere Nervenzellen weiter. Nerven enthalten Bündel mit Hunderten oder Tausenden von Nervenzellen.

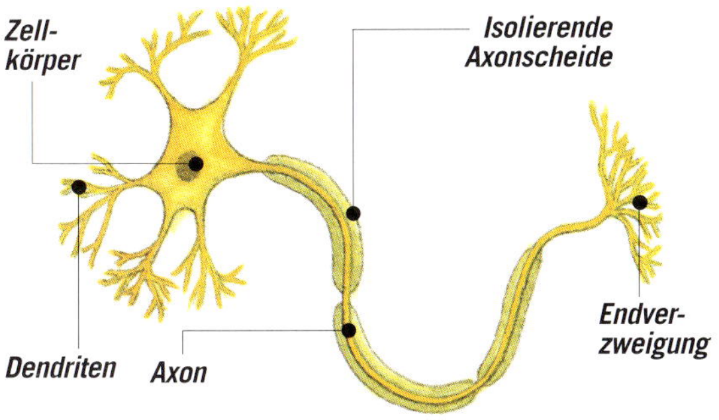

Die Gedanken, Vorstellungen und Erinnerungen, die im Gehirn entstehen, sind Nervenimpulse, die durch ein unvorstellbar riesiges Netzwerk von Nervenzellen laufen. Ständig entstehen neue Verbindungen zwischen Nervenzellen; gleichzeitig gehen andere verloren. Eine neue Erinnerung bildet sich als neuer Pfad zwischen bestimmten Zellen. Wenn du dir diese Erinnerung oft genug ins Gedächtnis zurückrufst, wird der Pfad „aufgefrischt" und bleibt aktiv; andernfalls verblasst die Erinnerung.

Ein Reflex ist eine schnelle, automatische Bewegung, die der Körper ohne Beteiligung des Gehirns ausführt. Wenn du etwas Spitzes berührst, schicken Schmerzzentren in der Haut Signale über die sensorischen Nerven im Arm an das Rückenmark in der Wirbelsäule. Von dort werden sofort Signale über die motorischen Nerven an die Armmuskeln übermittelt, und du ziehst den Arm zurück. Dann erst erreichen die Signale das Gehirn, und du weißt, was passiert ist.

Das Nervensystem

Der untere Teil des Gehirns geht in das **Rückenmark** über. Von ihm zweigen die Nerven ab, die in alle Teile des Körpers – bis in die Fingerspitzen und Zehen – führen. Das Rückenmark leitet Nervensignale aus dem Körper ins Gehirn und vom Gehirn in den Körper. Es gibt aber auch Nerven, die direkt vom Gehirn ausgehen und in Kopf, Gesicht, Hals und Brustkorb führen. Sie werden Hirnnerven genannt.

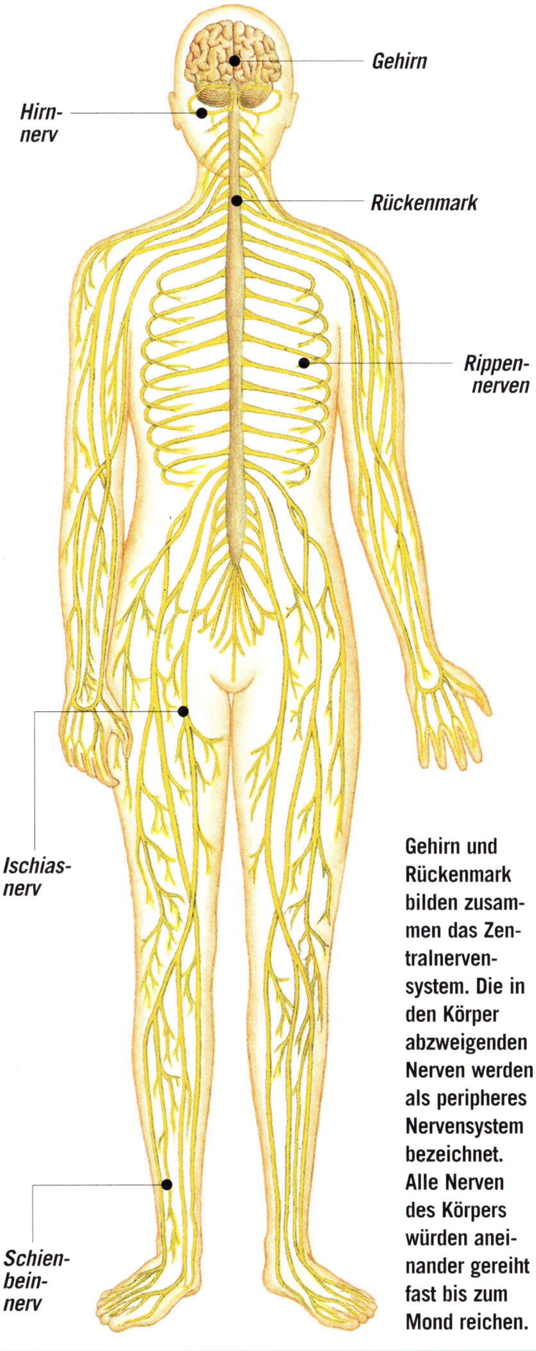

Gehirn und Rückenmark bilden zusammen das Zentralnervensystem. Die in den Körper abzweigenden Nerven werden als peripheres Nervensystem bezeichnet. Alle Nerven des Körpers würden aneinander gereiht fast bis zum Mond reichen.

SINNESORGANE

DER KÖRPER verfügt über fünf Hauptsinne, die registrieren, was um uns herum passiert. Vier davon werden hier beschrieben. Der fünfte Sinn ist der Tastsinn, der über die Haut registriert wird (*siehe Seite 45*).

SEHEN

Der Augapfel hat einen Durchmesser von etwa 25 Millimetern und liegt gut geschützt in der knöchernen Augenhöhle im Schädel. Lichtstrahlen fallen durch die dünne, gewölbte Hornhaut ins Auge und gelangen dann in die Pupille, eine Öffnung in einem Muskelring, der Regenbogenhaut genannt wird. Die Muskeln sorgen dafür, dass sich die Pupille bei starker Helligkeit verkleinert. So wird verhindert, dass zu viel Licht das empfindliche Augeninnere schädigt. Die Lichtstrahlen werden von der Linse gebrochen und werfen ein klares Bild auf die Netzhaut im Augenhintergrund. Wenn das Licht auf die Netzhaut trifft, senden ihre rund 130 Millionen lichtempfindlichen Zellen Signale über den Sehnerv ans Gehirn.

Querschnitt durch das Auge

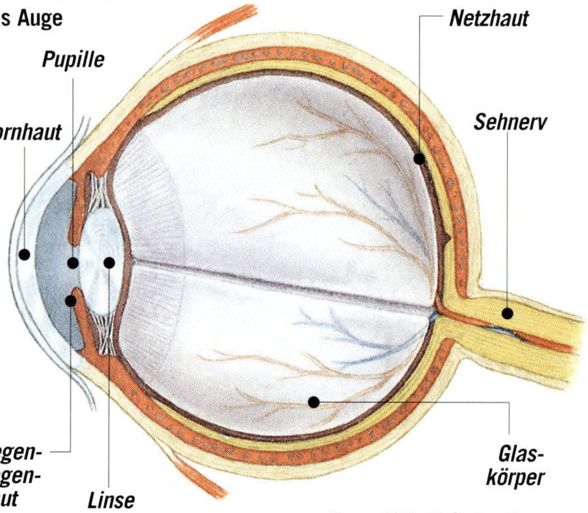

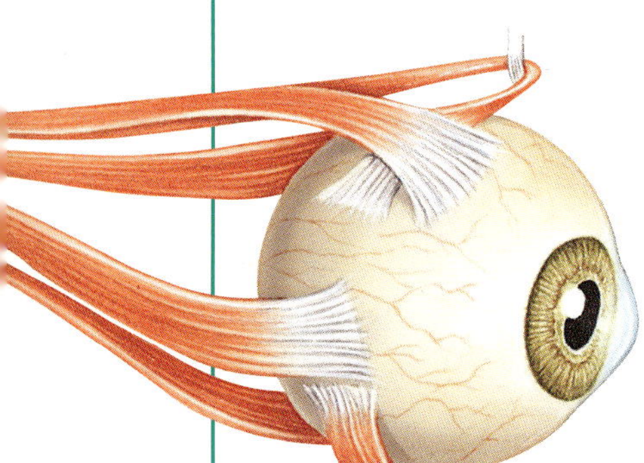

Der größte Teil des Augeninnern ist mit einer durchsichtigen Masse gefüllt – dem Glaskörper (*oben*) – durch die das Licht zur Netzhaut gelangt. Sechs Muskeln verbinden den Augapfel mit der Augenhöhle (*links*). Sie ermöglichen es den Augen nach oben, unten und zur Seite zu schauen.

Querschnitt durch das Ohr

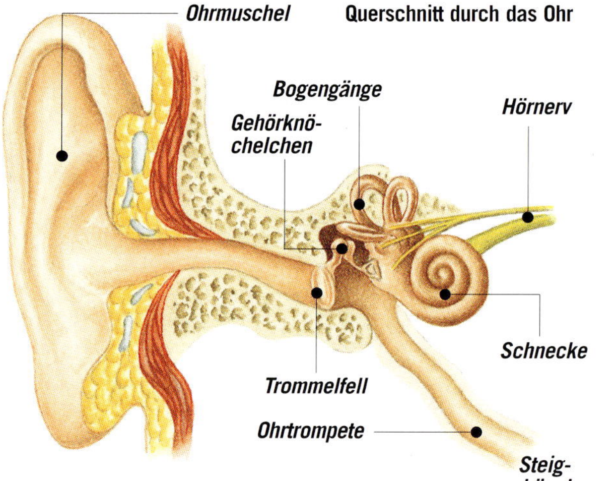

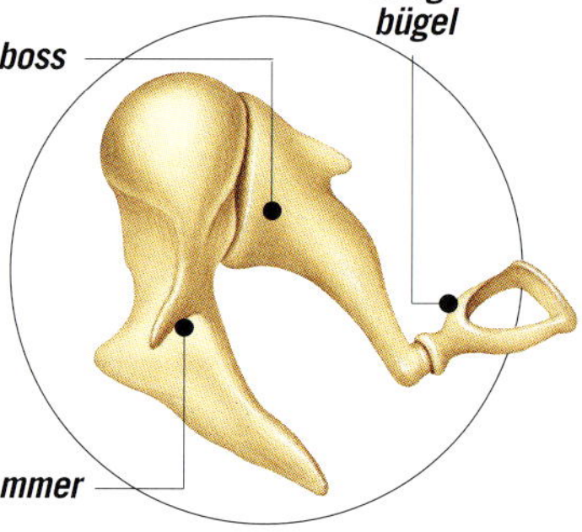

Die empfindlichsten Teile des Ohres liegen hinter der Ohrmuschel und innerhalb des Schädels, der sie vor Verletzungen schützt (*oben*). Die drei Gehörknöchelchen (*rechts*) sind die kleinsten Knochen des Körpers.

HÖREN

Der gebogene Lappen aus Haut und Knorpel an der Seite des Kopfes, die Ohrmuschel, ist lediglich ein Trichter zum Einfangen von Schallwellen in der Luft. Die Wellen wandern durch den leicht gebogenen Gehörgang zum Trommelfell, einer kleinen, dünnen Membran, die durch sie in Schwingung versetzt wird. Die Schwingung wird auf die drei Gehörknöchelchen – Hammer, Amboss und Steigbügel – übertragen und zu der mit Flüssigkeit gefüllten Schnecke weitergeleitet. Sie durchdringen die Flüssigkeit und setzen winzige Härchen an den Nervenzellen in Bewegung. Dadurch werden Signale ausgelöst, die durch den Hörnerv zum Gehirn wandern.

Drei Bogengänge im Innenohr (*oben*) registrieren die Kopfbewegungen, damit der Körper das Gleichgewicht halten kann.

SCHMECKEN

Auf der Oberfläche der Zunge liegen zahlreiche kleine Erhöhungen, die Papillen genannt werden. Durch sie kann die Zunge die Nahrung während des Kauens „greifen“ und im Mund hin und her bewegen. Zwischen den Papillen sind rund 8 000 Geschmacksknospen eingebettet. Jede von ihnen enthält ungefähr 30 Geschmackszellen und sieht aus wie eine winzige Zwiebel. Wenn bestimmte Geschmackssubstanzen diese Zellen berühren, lösen sie Signale aus, die an das Gehirn weitergeleitet werden. Für jede Geschmacksrichtung ist ein anderer Teil der Zunge zuständig.

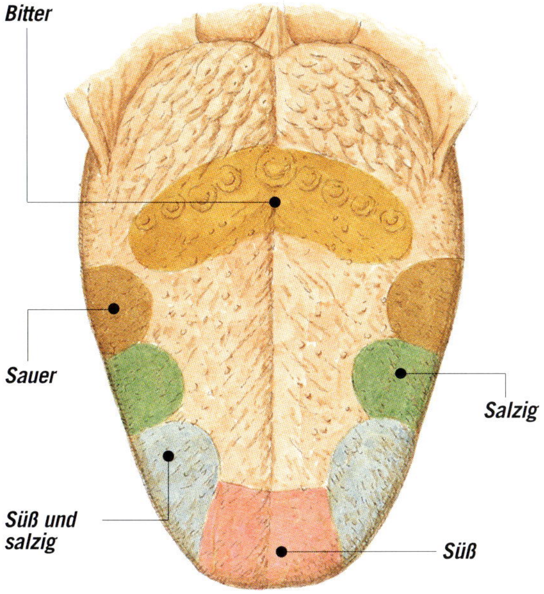

RIECHEN

In der Nasenhöhle befindet sich eine etwa daumengroße Luftkammer, deren Dach, das Riechfeld, rund 25 Millionen Riechzellen enthält. Aus jeder Zelle ragen mehr als 20 Härchen heraus. Wenn bestimmte Geruchssubstanzen auf die Härchen treffen, übermitteln die Riechzellen Signale an das Gehirn. Die Nase kann rund 10 000 verschiedene Düfte und Gerüche unterscheiden.

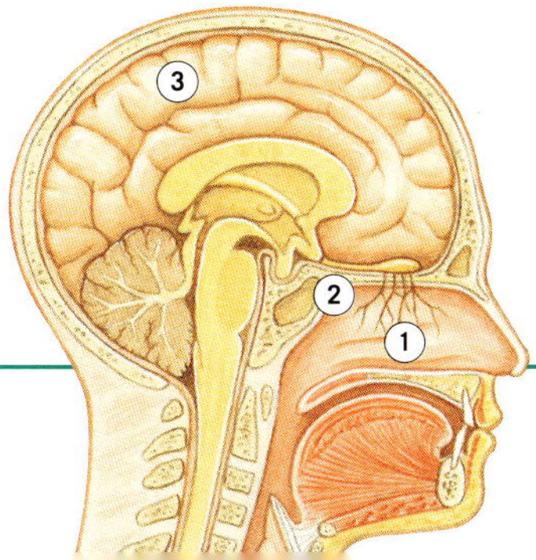

Das Riechfeld befindet sich am oberen Ende der Nasenhöhle (1). Wenn wir einatmen, übermitteln Riechnerven (2) Signale an das Gehirn (3).

HORMONE

ZWEI SYSTEME tragen dazu bei, dass unser Körper gut funktioniert: das Nervensystem (*siehe Seite 49*) und das Hormonsystem. Hormone sind chemische Verbindungen. Es gibt mehr als 50 verschiedene Hormone. Jedes davon wird in einer Drüse produziert. Hormone werden vom Blut befördert und wirken auf bestimmte Zellen, Gewebe oder Organe ein. Sie können diese dazu bringen, schneller oder langsamer zu arbeiten oder bestimmte Produkte freizusetzen. So sorgt zum Beispiel das Hormon Adrenalin aus dem Nebennierenmark dafür, dass das Herz schneller schlägt und mehr Blut in die Muskeln gelangt, damit der Körper rasch handeln kann. Die Hypophyse oder Hirnanhangdrüse erzeugt Hormone, die die anderen Hormondrüsen steuern (*siehe auch Seite 54*).

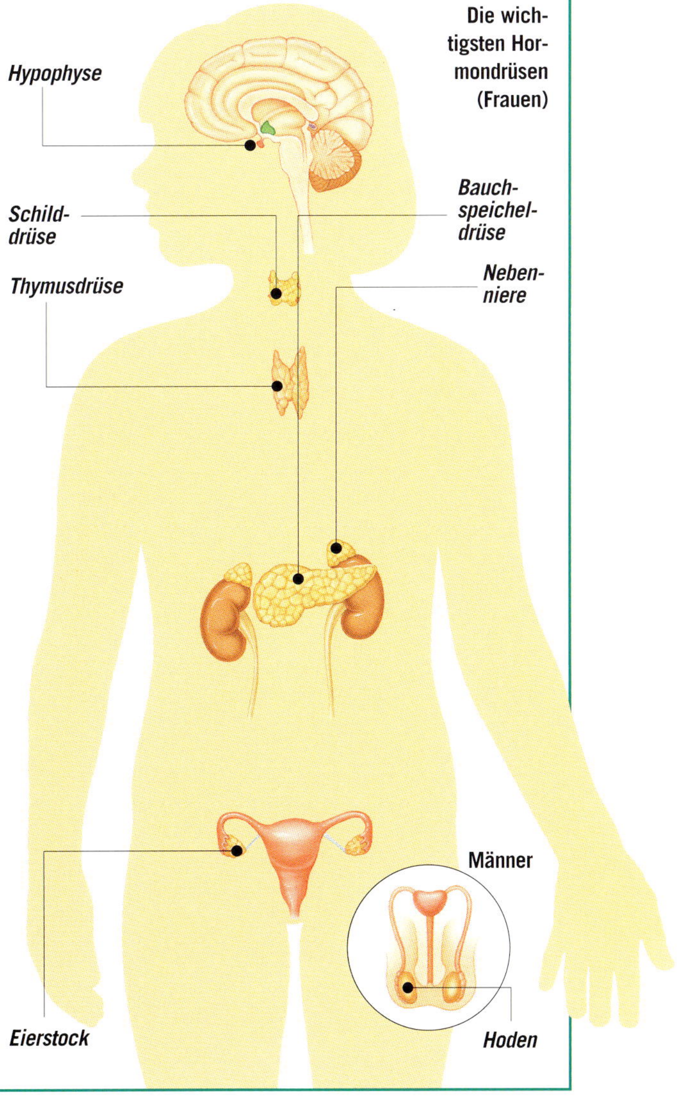

ZELLEN UND GENE

DIE GRUNDBAUSTEINE des Körpers sind die Zellen. Es gibt mehr als 200 verschiedene Arten, zum Beispiel Blut-, Nerven- und Muskelzellen. Ihre Form und Größe ist sehr unterschiedlich, aber die meisten Zellen sind so klein, dass man sie nur mit einem leistungsfähigen Mikroskop betrachten kann. Aneinander gereiht wären 30 typische Zellen nur einen Millimeter lang. Der Körper besteht aus rund 50 Billionen Zellen. Die meisten davon befinden sich im Blut und im Gehirn.

DNA oder DNS (Desoxyribonukleinsäure) ist im Kern jeder Zelle enthalten. Sie ist der Träger der Gene. Ein DNA-Molekül ist sehr lang und dünn und ähnelt einer zu einer Spirale gedrehten Strickleiter. Die gesamte DNA einer Zelle wäre, wenn man sie aneinander reihen könnte, fast zwei Meter lang.

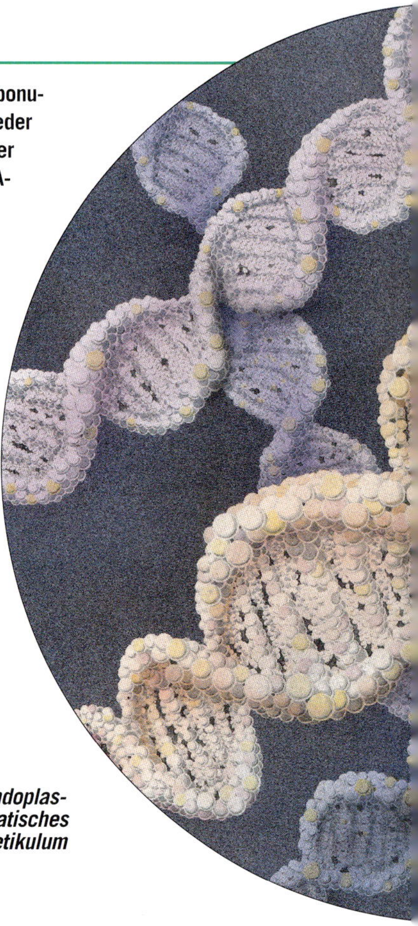

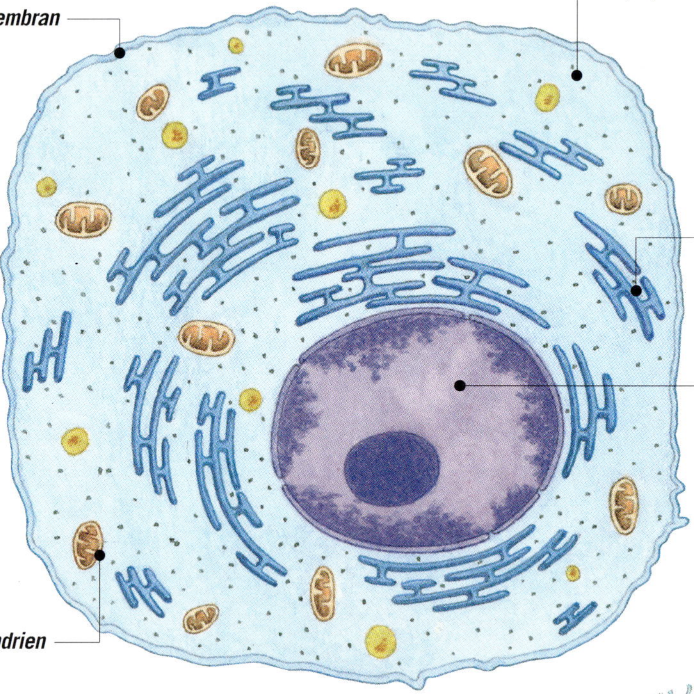

Im Kern einer Körperzelle liegen 46 DNA-Stücke. Normalerweise ist jedes dieser Teile aufgewunden. Aber wenn die Zelle sich zu teilen beginnt, um zwei Zellen zu bilden, rollt sich jedes DNA-Stück eng zusammen. Diese Spirale verdreht sich dann weiter zu einer Superspirale und verbindet sich mit Eiweiß. Schließlich bildet jedes Stück DNA ein kurzes, verwickeltes Knäuel, das Chromosom genannt wird (*siehe Seite 55*).

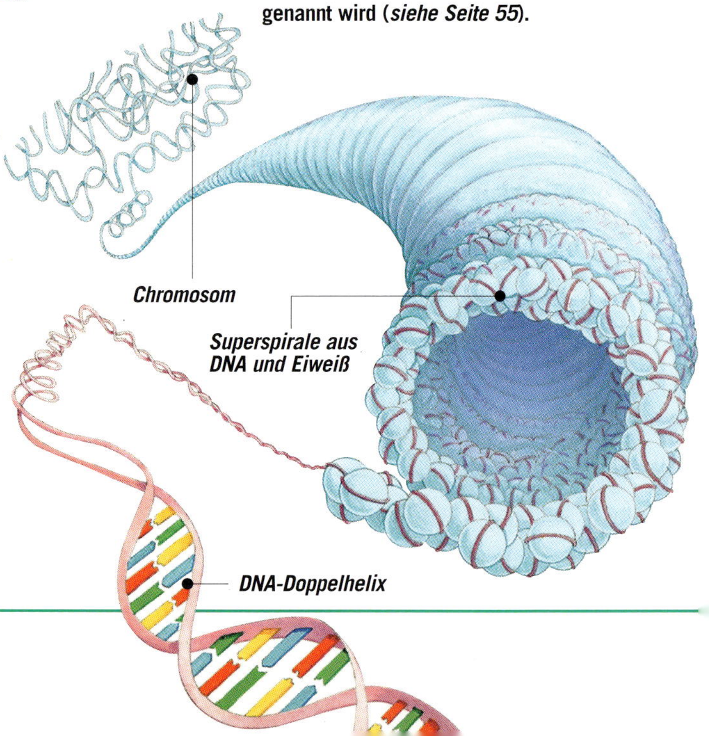

IM INNERN EINER ZELLE

Eine typische Zelle ist ein mit einer gallertartigen Masse, dem Zytoplasma, gefülltes Säckchen. In ihr befinden sich kleine Bestandteile, die Organellen. Zu diesen gehören die Mitochondrien, die Substanzen wie Zucker (Glukose) spalten und damit Energie für die Arbeit der Zelle freisetzen. Die dünne Außenhaut, die Zellmembran, lässt nur bestimmte Substanzen in die Zelle hinein und aus ihr heraus. Die „Fabrik" der Zelle, in der verschiedene Substanzen erzeugt werden, ist das endoplasmatische Retikulum. Die größte Organelle ist der Zellkern, ein dunkles Gebilde inmitten der Zelle. Er enthält die Gene in Form von DNA.

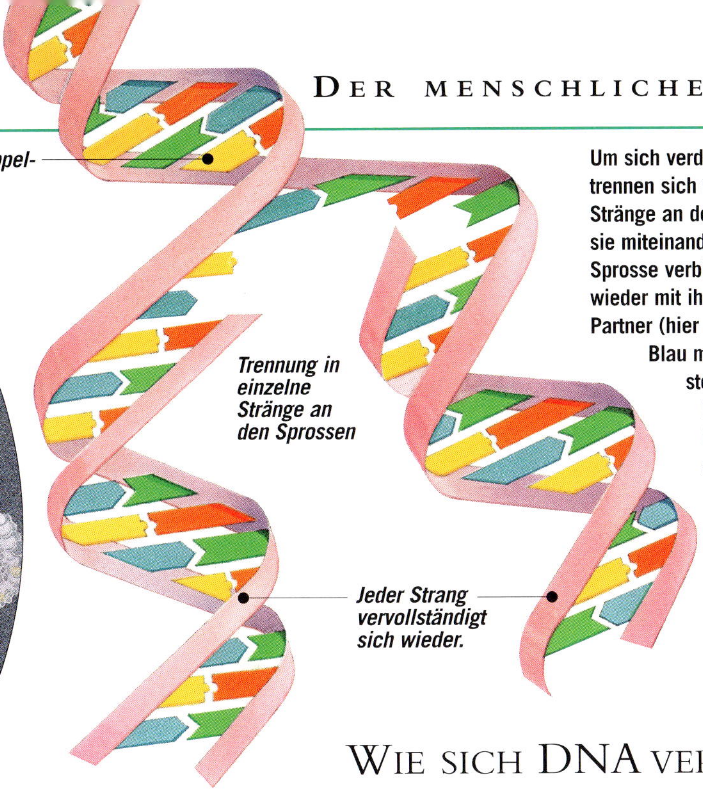

Um sich verdoppeln zu können, trennen sich die beiden DNA-Stränge an den Sprossen, die sie miteinander verbinden. Jede Sprosse verbindet sich danach wieder mit ihrem passenden Partner (hier Rot mit Gelb und Blau mit Grün). So entstehen aus einem Doppelstrang zwei identische Doppelstränge.

Die **Gene** enthalten sämtliche Informationen, die ein Organismus braucht, um sich entwickeln, wachsen und seine Körperfunktionen aufrechterhalten zu können. Ein kleiner Wurm hat nur ein paar 100 Gene, der Mensch dagegen etwa 30 000. In den Genen ist festgelegt, ob ein Mensch dunkle Haare, lange Beine, die Anlagen für bestimmte Krankheiten hat und vieles mehr.

Die Gene sind Untereinheiten der DNA. Die DNA hat die Form einer in sich gedrehten Leiter, die als Doppelhelix bezeichnet wird. Die Sprossen der Leiter bestehen aus chemischen Verbindungen, den Basen. Es gibt vier Basen: A, T, G und C (Adenin, Thymin, Guanin und Cytosin). A bildet immer eine Sprosse der Leiter zusammen mit T und G eine zusammen mit C. Bestimmte Abschnitte der Leiter bilden die Gene. Die Reihenfolge der Basen in einem Gen steht für eine bestimmte Information. Jede Körperzelle enthält einen vollständigen Satz DNA mit allen Genen, aber jede Zelle benutzt nur einen winzigen Bruchteil der DNA für ihre Lebensfunktionen.

Zwei Menschen mit denselben Genen sehen gleich aus. Das ist bei eineiigen Zwillingen der Fall (*rechts*). Sie haben sich beide aus einer einzigen befruchteten Eizelle entwickelt, die sich dann geteilt hat (*siehe nächste Seite*). Zweieiige Zwillinge entstehen, wenn gleichzeitig zwei Eizellen befruchtet werden. Eineiige Zwillinge haben immer das gleiche Geschlecht und die gleiche Augenfarbe.

WIE SICH DNA VERMEHRT

Zellen leben nicht ewig. Jede Minute bildet der Körper rund drei Milliarden neue Zellen als Ersatz für tote Zellen. Für die Fortpflanzung müssen ebenfalls neue Zellen produziert werden (*siehe Seite 54*). Wenn sich eine Zelle teilt, wird die in ihr enthaltene DNA verdoppelt. Dadurch erhält jede der beiden neuen Zellen einen vollständigen Satz DNA mit allen Genen. Bei der DNA-Verdoppelung trennen sich die Sprossen der DNA-Leiter auf. Danach verbinden sich die Untereinheiten (Basen) mit einem neuen, dem alten entsprechenden Partner – A mit T und G mit C. Diese Reihe aus neuen Untereinheiten bildet einen vollständigen Strang. Das Endergebnis sind zwei DNA-Stränge, die völlig identisch sind.

Fortpflanzung

Das wichtigste Merkmal aller Lebewesen ist, dass sie weitere Lebewesen ihrer Art hervorbringen können. Dieser Prozess wird Fortpflanzung genannt. Menschen pflanzen sich weitgehend genauso fort wie Katzen, Hunde, Pferde und Tiger: Mann und Frau haben Geschlechtsverkehr. Eine männliche Samenzelle vereinigt sich mit einer weiblichen Eizelle – sie befruchtet sie. Die befruchtete Eizelle wächst in der weiblichen Gebärmutter heran und entwickelt sich zu einem neuen Menschen.

Die Hauptbestandteile des Fortpflanzungssystems der Frau sind die beiden Eierstöcke und die Gebärmutter. Beide befinden sich im Unterleib. Die birnenförmige Gebärmutter liegt direkt hinter der Blase. Jeden Monat wird zu einem bestimmten Zeitpunkt des weiblichen Zyklus von einem der Eierstöcke eine etwa stecknadelkopfgroße Eizelle freigesetzt. Sie wandert in den Eileiter, wo sie sich mit einer Samenzelle vereinigen kann. Der weibliche Zyklus wird von Hormonen gesteuert.

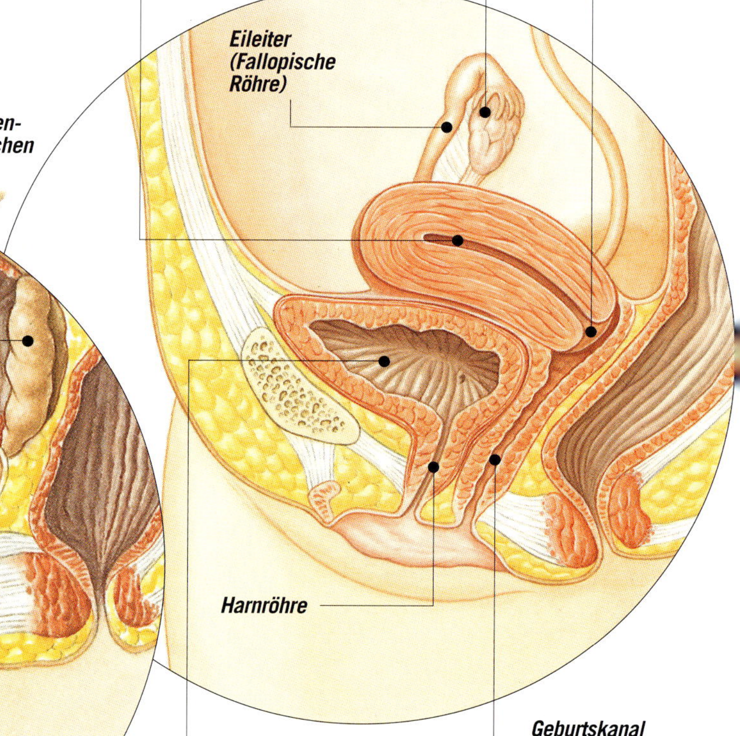

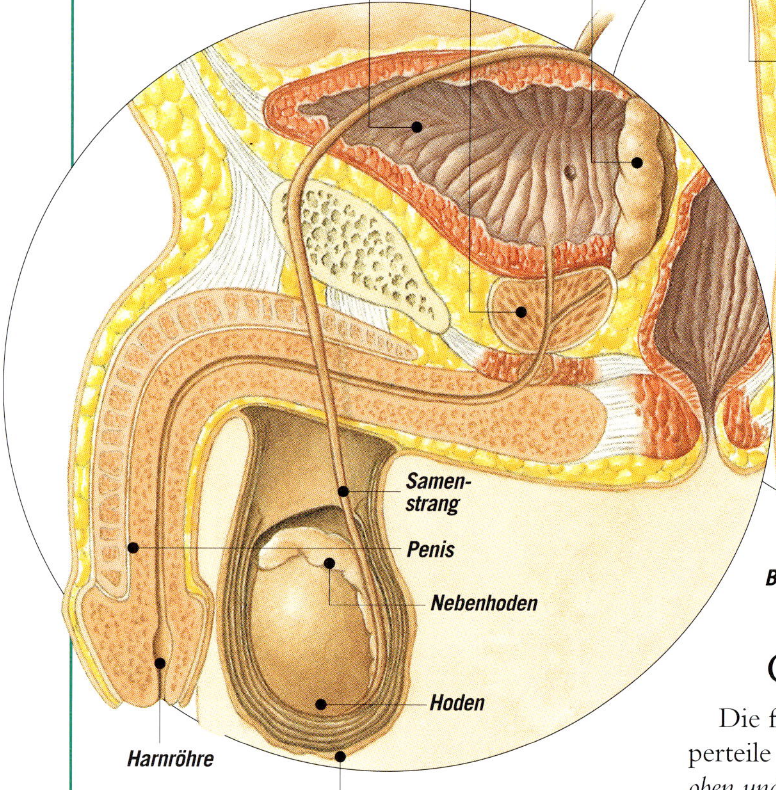

Die wichtigsten Organe des Fortpflanzungssystems des Mannes sind die beiden Hoden. In ihnen werden täglich Millionen von Samenzellen produziert und in den Nebenhoden gespeichert. Beim Geschlechtsverkehr gelangen sie in den Samenstrang, vermischen sich mit Flüssigkeit aus den Samenbläschen und der Vorsteherdrüse und wandern durch die Harnröhre bis zum unteren Ende des Penis und von dort in den Körper der Frau.

Geschlechtsorgane

Die für die Fortpflanzung zuständigen Körperteile werden Geschlechtsorgane genannt (*siehe oben und oben links*). Sie sind bei der Geburt bereits vorhanden, entwickeln sich aber weiter und sind meistens bei Mädchen im Alter von 11 bis 14 und bei Jungen im Alter von 13 bis 16 Jahren voll ausgebildet. Diese Zeit des Reifens und der körperlichen Veränderungen wird Pubertät genannt. Bei Mädchen entwickelt der Körper Rundungen und ihre Brüste werden größer. Bei Jungen wachsen Barthaare, und sie kommen in den Stimmbruch. Diese Veränderungen werden von Hormonen gesteuert (*siehe Seite 51*).

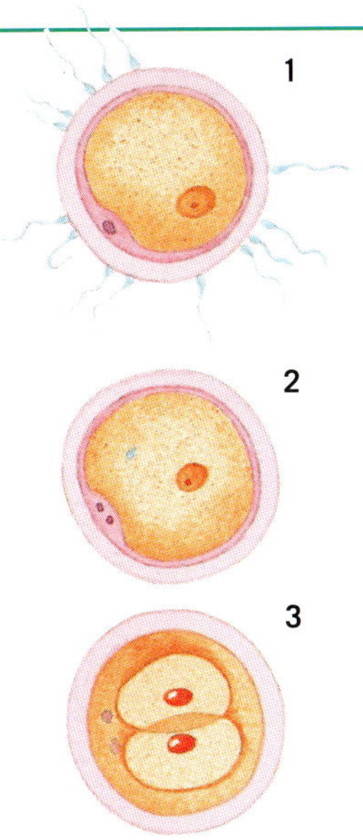

Während des Geschlechtsverkehrs werden vom Mann Millionen von Samenzellen freigesetzt, die wesentlich kleiner sind als die Eizelle. Samenzellen haben einen runden Kopf und einen langen Schwanz, der ihnen beim Schwimmen hilft. Sie bewegen sich durch den Eileiter zur Eizelle. Einigen gelingt es, sie zu erreichen (1), aber nur eine kann in sie eindringen und sie befruchten. Die anderen werden von einer Barriere, die sich um die Eizelle herum bildet (2), am Eindringen gehindert. Die Gene von Ei- und Samenzelle verbinden sich und bilden eine einzige Zelle, die befruchtete Eizelle. Diese beginnt sich fast sofort in zwei Zellen zu teilen (3).

Ein paar Stunden später teilen sich die beiden Zellen abermals und bilden vier Zellen (4). Wieder einige Stunden später passiert dasselbe, und aus den vier werden acht Zellen. Das Ergebnis ist ein kugelförmiger Zellhaufen, der Morula genannt wird (5). Ungefähr fünf Tage nach der Befruchtung ist aus der Morula die Keimblase oder Blastozyste aus Hunderten von Zellen geworden (6), die aus dem Eileiter in die Gebärmutter gewandert ist. Anfangs hat sie sich von den in der ursprünglichen Eizelle enthaltenen Nährstoffen ernährt. Jetzt nimmt sie Nährstoffe aus der Gebärmutterwand auf, damit sie wachsen kann.

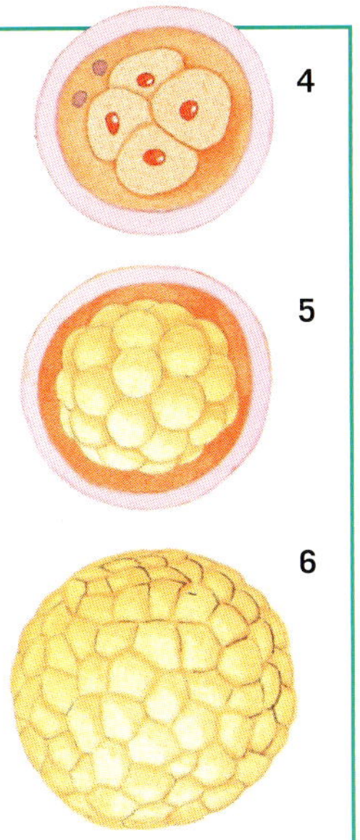

DIE ERSTE LEBENSWOCHE

Eine Eizelle (Ovum) enthält einen Satz des genetischen Materials der Mutter, eine Samenzelle (Spermatozoe) einen Satz von dem des Vaters. Wenn sich Ei- und Samenzelle vereinigt haben, enthält das befruchtete Ei also wie alle Zellen des Körpers einen vollständigen Doppelsatz des genetischen Materials. Das befruchtete Ei ist mit einem Durchmesser von fast einem Zehntel Millimeter größer als die meisten Zellen. Aber weil sich die Eizelle immer wieder teilt (*oben*), entstehen Zellen von normaler Größe. In diesem Stadium wandert der Zellhaufen aus dem Eileiter in die Gebärmutter.

Die Gebärmutter hat sich während des Fortpflanzungszyklus verdickt und wurde mit Blut und Nährstoffen angereichert. Wenn der Zellhaufen die Gebärmutter erreicht hat, nistet er sich in der Schleimhaut ein. Die Zellen teilen sich weiter, und aus dem Zellhaufen wird eine Blase mit einem flachen, scheibenförmigen Gebilde in der Mitte. Wenn die Zellen die Zahl von vielen Tausenden erreicht haben, verändert das Gebilde seine Form und ähnelt dann einer Kaulquappe. Das ist das Anfangsstadium eines neuen Lebewesens, das Embryo genannt wird. Es ist kaum größer als ein Reiskorn, aber sein Herz schlägt bereits (*Fortsetzung auf der nächsten Seite*).

Zellen müssen sich teilen, weil abgestorbene durch neue ersetzt werden müssen. Das genetische Material (DNA) liegt ausgestreckt im Zellkern (1). Wenn die Teilung einsetzt, rollt es sich zu dickeren, kürzeren Gebilden zusammen, die Chromosomen genannt werden (2). Jedes Chromosom ist zweimal vorhanden. Die Chromosomenpaare sammeln sich in der Zellmitte (3) und werden von Spindelfasern zu den Polen gezogen (4). Um jeden Chromosomensatz herum bildet sich ein neuer Kern (5). Dann schnürt sich die Zelle so weit ein, dass zwei neue Zellen entstehen (6). Die DNA in den Chromosomen wird kopiert, und die Zelle wächst, bis der nächste Teilungsprozess einsetzt (*siehe Seite 53*).

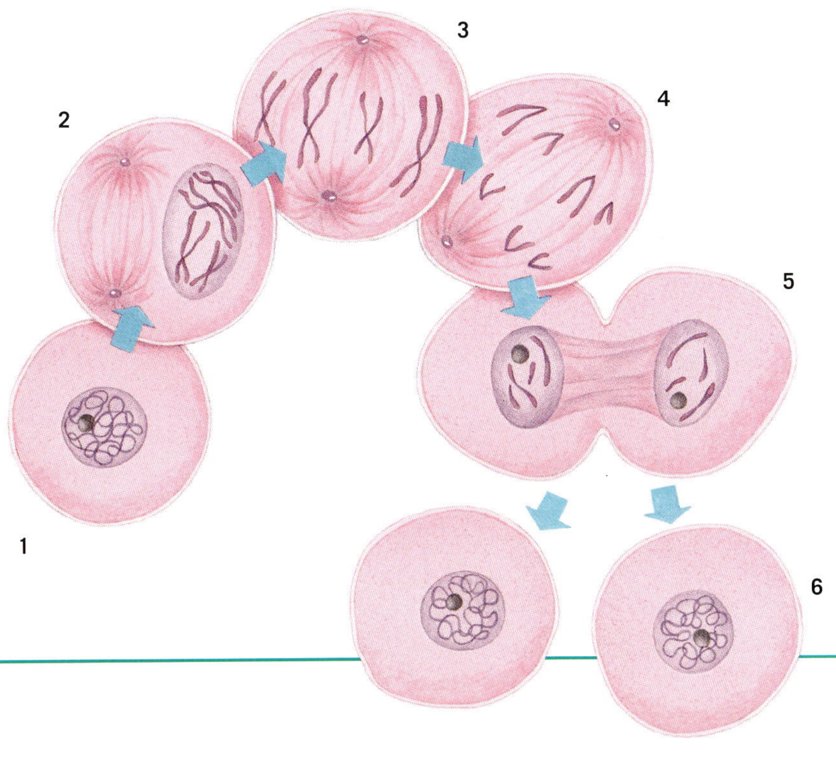

EIN BABY WÄCHST HERAN

ES DAUERT neun Monate, bis sich ein befruchtetes Ei in der Gebärmutter so weit entwickelt hat, dass ein Baby geboren werden kann. Diese Zeit ist die Schwangerschaft. In den ersten acht Wochen wird das neue Lebewesen **Embryo** genannt. In dieser Zeit bilden sich alle wichtigen Bestandteile und Organe des Körpers – Herz, Augen, Ohren und sogar Finger und Zehen. Am Ende dieser acht Wochen ist der Embryo erst so groß wie eine Daumenkuppe. Aber die Hauptphase der Entwicklung ist abgeschlossen, und der Embryo sieht aus wie ein winziger Mensch.

Die Veränderungen in den folgenden sieben Monaten betreffen fast nur die Größe. Das Baby wächst schneller als jemals in seinem Leben. Neu hinzu kommen nur Kleinigkeiten wie Finger- und Zehennägel und Wimpern. In dieser Phase wird das Ungeborene **Fetus** genannt.

ANFÄNGE DER ENTWICKLUNG

Der Teil des Embryos, der sich am schnellsten entwickelt, ist der Kopf, gefolgt vom Rumpf und den Gliedmaßen. In den sehr frühen Stadien sind das Gehirn und das Rückenmark die bei weitem größten Teile des Körpers (*siehe unten*). In der vierten Woche beginnt sich der Rumpf zu entwickeln. Das Herz pumpt Blut durch ein einfaches Gefäßsystem, und die Lungen fangen an zu wachsen.

Gegen Ende der vierten Woche bilden sich Organe wie Darm, Leber und Bauchspeicheldrüse. Gleichzeitig setzt auch die Entwicklung von Armen und Beinen ein. Zuerst sind sie nur winzige, knospenähnliche Gebilde, die aber bald länger werden und Finger und Zehen bilden (*rechts*).

In der fünften Woche nehmen Ohren, Augen und Nase eine erkennbare Gestalt an. Aus dem Gehirn und dem Rückenmark wachsen Hauptnerven heraus. Außerdem entwickeln sich Nieren und Magen.

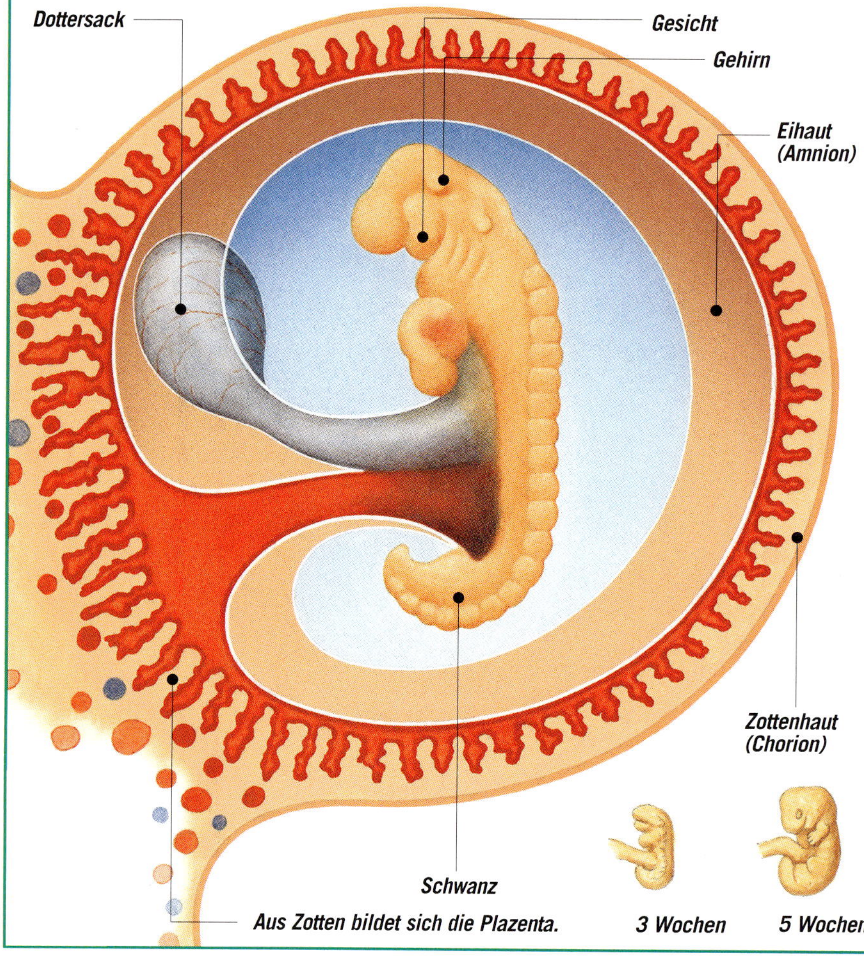

Etwa drei Wochen nach der Befruchtung sieht der menschliche Embryo (*links*) fast genauso aus wie der eines Hundes, einer Katze oder eines Huhns (*siehe Seite 7*). Er hat sogar einen Schwanz, der sich aber bald wieder zurückbildet. Der größte Teil des Körpers sind das Gehirn und andere Teile des Kopfes. Aus den Wellen auf dem Rücken gehen die Wirbel der Wirbelsäule hervor, aber die Entwicklung von Knochengewebe setzt erst im dritten Monat ein. Der Embryo schwimmt in einer Flüssigkeit innerhalb der Eihaut und der Zottenhaut. In diesem frühen Entwicklungsstadium erhält er Nährstoffe aus dem Dottersack. Teile der äußeren Haut, die Zotten, wachsen in die Gebärmutter. Aus ihnen entwickelt sich die Plazenta, die Nährstoffe liefert (*oben rechts*). Die Entwicklungsstadien (*unten*) sind in natürlicher Größe dargestellt.

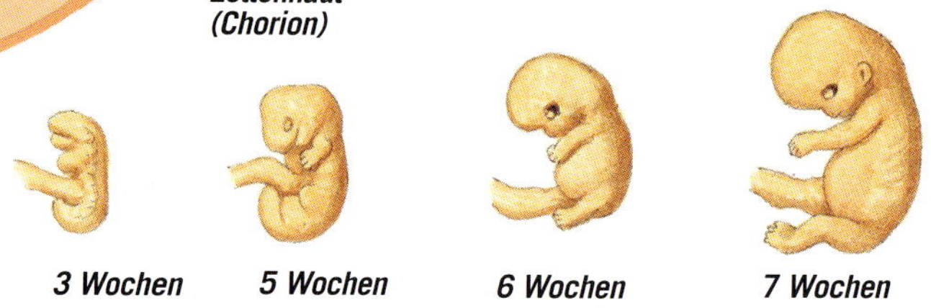

Drei Monate nach der Befruchtung ist der Fetus 65 Millimeter lang. Er hat bereits Ohren und kann hören. Auch die Augen sind schon vorhanden, aber die Lider bleiben bis kurz vor der Geburt geschlossen. Die Muskelentwicklung setzt ein, und der Fetus kann sich bewegen. Über die Nabelschnur gelangt sein Blut in die Plazenta, wo es ganz dicht neben dem der Mutter fließt. Auf diese Weise erhält der Fetus Blut und Sauerstoff von der Mutter. Gleichzeitig werden seine Abfallprodukte mit ihrem Blut entsorgt.

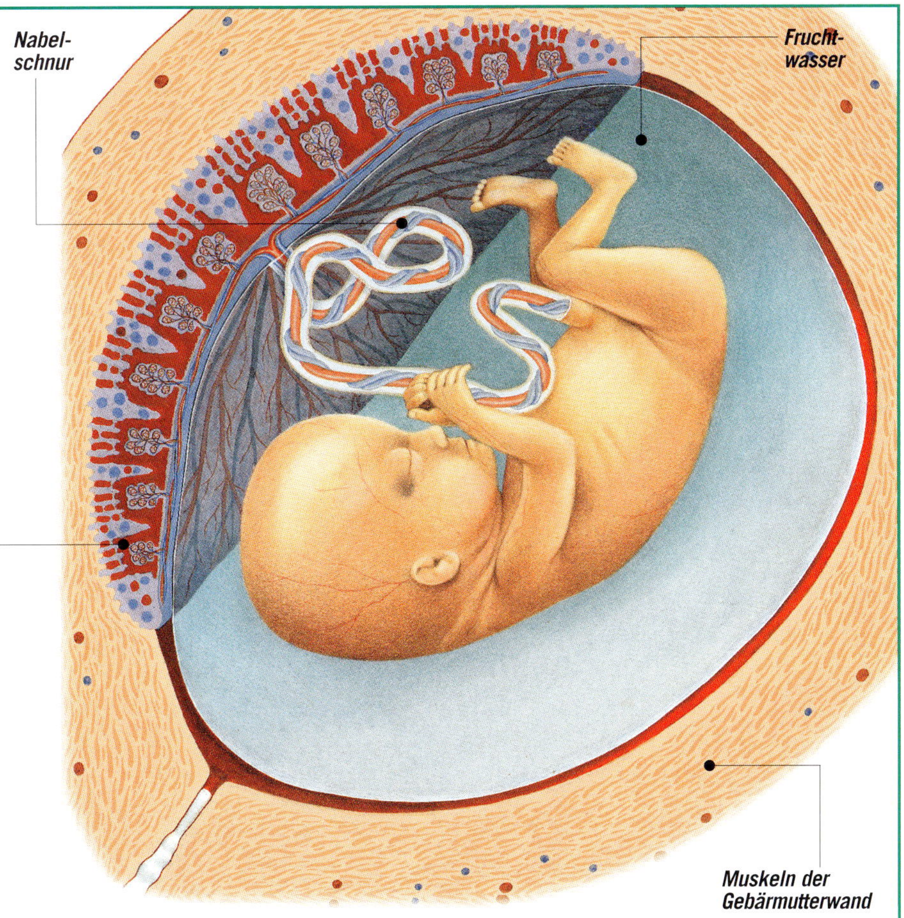

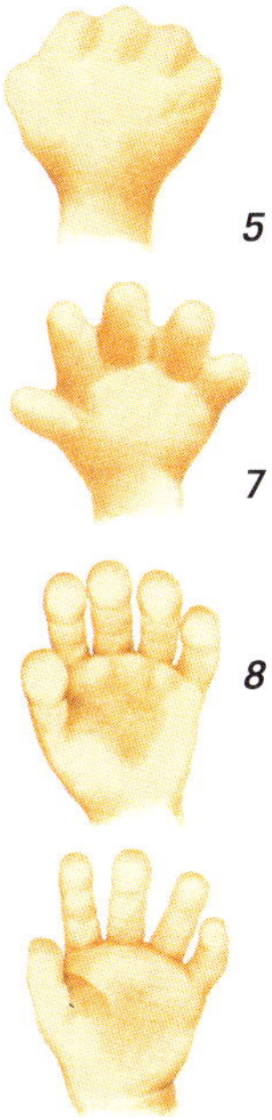

5 Wochen

7 Wochen

8 Wochen

12 Wochen

In der siebten Woche nach der Befruchtung beginnen sich die Finger zu bilden. In der zwölften Woche sind sie voll entwickelt und bekommen Nägel. Die Zehen wachsen auf ähnliche Weise, aber erst ein paar Tage später als die Finger.

LEBEN IN DER GEBÄRMUTTER

In der Gebärmutter schwimmt der Fetus im Fruchtwasser, das ihn vor Stößen und Erschütterungen schützt. In dieser wässerigen Umgebung ist Atmen unmöglich. Deshalb erhält der Fetus Sauerstoff und Nährstoffe von der Mutter, und zwar durch die Plazenta (auch Mutterkuchen genannt). Das Ungeborene kann Töne wie den Herzschlag seiner Mutter hören. Laute Geräusche in der Außenwelt können es erschrecken. Anfangs hat der Fetus genügend Bewegungsfreiheit und kann sogar Purzelbäume schlagen, aber später wird es eng, obwohl sich die Gebärmutter ausdehnt.

Wenn der Fetus wächst und die Gebärmutter sich ausdehnt, ist die Schwangerschaft auch von außen deutlich zu erkennen. Die Auswölbung des Unterleibs beginnt im vierten Schwangerschaftsmonat. Im achten Monat liegt das Baby meistens mit dem Kopf nach unten in der Gebärmutter. Wenn die Geburt einsetzt, ziehen sich die kräftigen Muskeln in der Gebärmutterwand zusammen und drücken das Baby durch den Gebärmutterhals und den Geburtskanal. Zuerst erscheint der Kopf des Babys. Es ist noch über die Nabelschnur mit der Plazenta verbunden, die wenig später als „Nachgeburt" ausgestoßen wird.

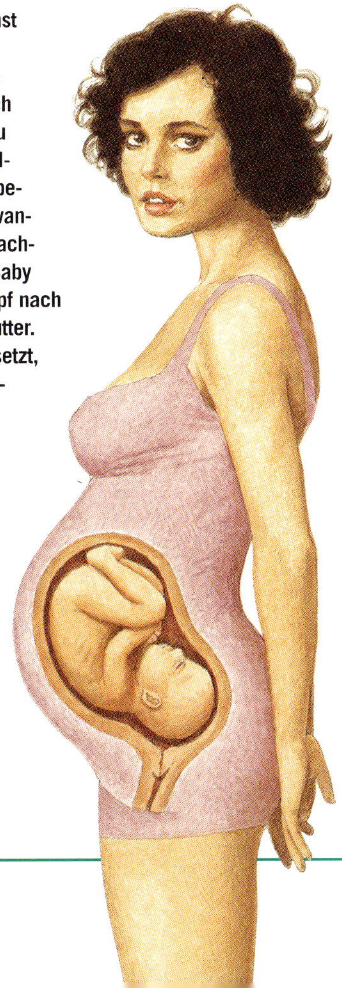

MEDIZIN

MANCHMAL wirst du krank oder du verletzt dich. Um Kranken und Verletzten zu helfen, haben die Menschen schon in der Antike viele verschiedene Methoden angewendet, allerdings nicht immer mit Erfolg. Die modernen Ärzte verlassen sich nicht auf Aberglauben und Magie – ihr Wirken beruht auf wissenschaftlichen Untersuchungs- und Behandlungsmethoden.

Die Grippe wird von bestimmten Krankheitserregern, den Viren, ausgelöst. Zu den Symptomen gehören Schnupfen, Halsschmerzen und Husten. Gesunde Menschen können Grippeviren lange Zeit in sich tragen, ohne zu erkranken.

Manche Krankheiten sind in den Genen (*siehe Seite 53*) angelegt und werden auf spätere Generationen vererbt. Königin Viktoria (*kleines Bild*) vererbte die so genannte Bluterkrankheit an mehrere ihrer Enkelkinder, darunter an den Sohn des russischen Zaren Nikolaus II (*oben*). Diese Krankheit bewirkt, dass nach einer Verletzung das Blut nicht gerinnt.

Krankheiten und Verletzungen können von Ärzten entweder mit Medikamenten oder durch Operationen behandelt werden. Medikamente werden aus natürlichen Substanzen von Pflanzen, Tieren oder Mikroorganismen hergestellt. Andere Medikamente, wie zum Beispiel die Chemotherapie bei Krebs, sind chemische Verbindungen, die in Labors entwickelt wurden. Bei einer Operation wird ein Körperteil geöffnet, damit erkranktes Gewebe entfernt oder ein gebrochener Knochen repariert werden kann.

HYGIENE

Vor der Erfindung des Mikroskops konnte niemand Krankheitserreger sehen. Zu ihnen gehören Viren und Bakterien, die in den Körper eindringen und bestimmte Krankheiten verursachen. Da die Menschen nichts über Krankheitserreger wussten, war ihnen nicht klar, wie wichtig es ist, Wunden sauber zu halten. Die Ärzte kamen überhaupt nicht auf die Idee, sich die Hände zu waschen und ihre Instrumente zu reinigen. Deshalb starben viele Menschen nach Operationen, die ihnen eigentlich helfen sollten.

Bei einer Impfung werden tote oder abgeschwächte Erreger in den Körper gespritzt. Diese machen nicht krank, aktivieren aber die Abwehrmechanismen des Körpers. Wenn dann später echte Krankheitserreger eindringen, werden sie schnell erkannt und angegriffen, bevor sie eine Krankheit auslösen können. Der auf diese Weise erworbene Schutz des Körpers wird Immunisierung genannt. Der Erste, der eine Impfung gegen Pocken versuchte, war 1796 der englische Arzt Edward Jenner (1749-1823). Seit 1980 gilt diese Krankheit durch eine weltweite Impfaktion als ausgerottet.

ÄRZTE UND KRANKENHÄUSER

Ein Arzt untersucht Menschen und behandelt sie mit Medikamenten oder führt Operationen durch. Wer krank ist, geht zuerst zu einem Arzt für Allgemeinmedizin, der über ein breit gefächertes Wissen verfügt und die meisten Krankheiten erkennen und behandeln kann.

Wenn die Ursache des Problems nicht klar ist, kann der Patient an einen Facharzt überwiesen werden. Dieser ist auf einen bestimmten Zweig der Medizin spezialisiert, etwa ein Neurologe auf Gehirn- und Nervenerkrankungen und ein Kardiologe auf Herzkrankheiten.

NOTFALLMEDIZIN

Zu den größten Fortschritten in neuerer Zeit gehört die Notfallmedizin. Wenn ein Mensch bei einem Verkehrsunfall schwer verletzt wurde oder einen Herzinfarkt erlitten hat, zählt jede Sekunde. Die Besatzungen der Notarztwagen sind bestens ausgebildet und mit allem ausgerüstet, was erforderlich ist, um dem Patienten auf dem Weg ins Krankenhaus erste Hilfe zu leisten.

Im Krankenhaus wird der Patient in die Notaufnahme eingeliefert, wo Fachärzte sofort über die Behandlung entscheiden. Wenn eine Operation erforderlich ist, wird der Patient in den Operationssaal gebracht, wo der Chirurg (der operierende Arzt) und sein Team sofort mit der Arbeit beginnen. Nach der Operation wird der Patient auf die Intensivstation gebracht, wo Geräte mit Monitoren Herzschlag, Atmung, Blutdruck und andere Körperfunktionen ständig überwachen. Wenn alles gut geht, erholt sich der Patient und kann von der Intensiv- auf eine Krankenstation verlegt werden. Dort wird er von Schwestern gepflegt, bis er wieder so gesund ist, dass er nach Hause zurückkehren kann.

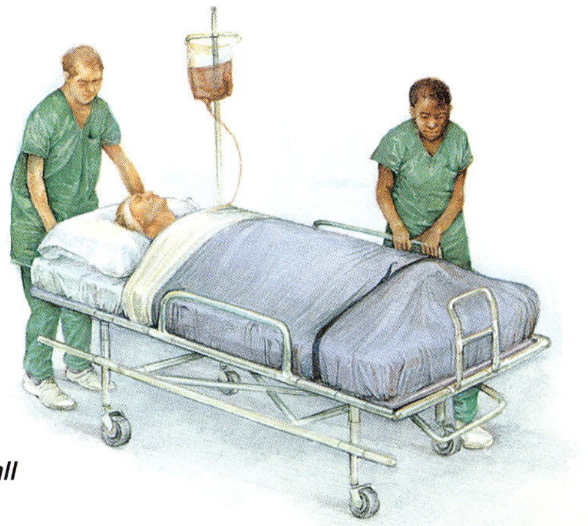

Notfall

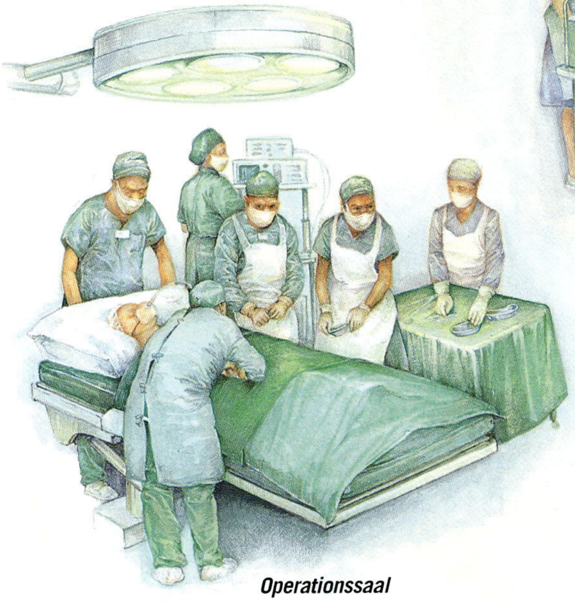

Operationssaal

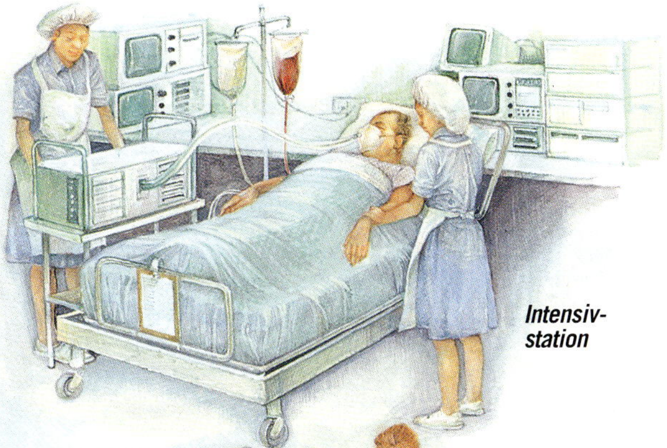

Intensivstation

Krankenstation

Glossar

Alveolen Winzige Luftbläschen in den Lungen, die Sauerstoff ans Blut abgeben und Kohlendioxid aus dem Blut aufnehmen.

Antikörper Bestandteile des Blutes, die bei der Vernichtung von Viren und Bakterien helfen.

Arterie Ein Gefäß, in dem Blut vom Herz wegtransportiert wird. Die meisten Arterien befördern sauerstoffreiches Blut zu den Organen und Geweben. Nur in den Lungenarterien, die vom Herz zur Lunge verlaufen, fließt sauerstoffarmes Blut.

Bakterien Mikroorganismen, die aus nur einer Zelle bestehen. Viele Bakterien leben in anderen Organismen, einige Arten sind Krankheitserreger. Bakterien spielen eine wichtige Rolle bei der Verarbeitung von Nährstoffen im Boden.

Band (Ligament) Ein Strang aus kräftigem Bindegewebe, der Knochen in einem Gelenk zusammenhält.

Bauchspeicheldrüse (Pankreas) Ein Organ, das Verdauungssäfte produziert und sie in den Dünndarm abgibt. Es produziert außerdem die Hormone Insulin und Glukagon, die den Zuckergehalt des Blutes regulieren.

Becken Der Teil des Skeletts, der von den beiden Hüftbeinen und dem Kreuzbein gebildet wird und mit dem die Beine über Gelenke verbunden sind.

Bestäubung Die Übertragung von Pollen (männlichen Samenzellen) von den männlichen Organen einer Pflanze auf die weiblichen Organe einer anderen Pflanze.

Bronchien Die Kanäle, durch die Luft aus der Luftröhre in die beiden Lungenflügel gelangt. Innerhalb der Lungen verzweigen sich die Bronchien zu schmaleren Ästen, die Bronchiolen genannt werden.

Chromosom Ein fadenförmiges Gebilde im Kern einer Zelle. Chromosomen bestehen aus eng miteinander verschlungenen Strängen von DNA und Eiweiß.

Darm Der Kanal, der den Magen mit dem After verbindet. Im ersten Teil, dem Dünndarm, werden der verdauten Nahrung die Nährstoffe entzogen. Im zweiten Teil, dem Dickdarm, werden die Abfallprodukte in den Enddarm befördert und von dort durch den After ausgeschieden.

DNA (oder DNS, Abkürzung für Desoxyribonukleinsäure) Ein Molekül, aus dem die Chromosomen bestehen. Es enthält die Gene eines Lebewesens.

Drüse Ein Organ, das eine Körperflüssigkeit produziert, zum Beispiel Schweiß, Speichel oder Verdauungssäfte.

Eierstock (Ovar) Die weibliche Keimdrüse, in der Eizellen gebildet werden.

Embryo Die Bezeichnung für ein sich in der Gebärmutter entwickelndes Lebewesen während der ersten acht Wochen.

Enzym Eine Substanz, zumeist eine Eiweißverbindung, die chemische Reaktionen beschleunigt. Enzyme helfen dem Körper bei der Verdauung von Nahrung und bei der Gewinnung von Energie daraus.

Evolution Der Prozess, in dessen Verlauf sich Lebewesen durch allmähliche Anpassung an ihre Umwelt im Laufe der Zeit verändern.

Gebärmutter (Uterus) Ein Organ, das über Kanäle (die Eileiter) mit den Eierstöcken in Verbindung steht. Wenn eine Eizelle befruchtet wurde, nistet sie sich in der Gebärmutterwand ein und entwickelt sich dort zu einem Embryo, einem Fetus und schließlich zu einem Baby.

Gene Die in den Chromosomen enthaltenen Anlagen, die von einer Generation auf die nächste vererbt werden. Da die Gene den Bau aller Zellen bestimmen, sind sie für sämtliche Merkmale eines Lebewesens verantwortlich.

Harnleiter Der Kanal, durch den Urin von den Nieren in die Blase fließt.

Harnröhre Der Kanal, durch den Urin aus der Blase den Körper verlässt.

Hoden Die männlichen Keimdrüsen, in denen die Samenzellen gebildet werden, die eine Eizelle befruchten können.

Hormone Chemische Verbindungen, die im Blut enthalten sind und verschiedene Prozesse steuern. Adrenalin zum Beispiel bewirkt, dass das Herz schneller schlägt.

Hypophyse (Hirnanhangsdrüse) Ein Organ an der Basis des Gehirns, das die Hormonproduktion steuert.

Kapillaren Die kleinsten Blutgefäße, deren Wände nur eine Zelle dick sind.

Keimung Das Hervorgehen einer Pflanze aus einem Samen. Damit ein Same keimen kann, müssen bestimmte Voraussetzungen erfüllt sein – er braucht Wasser, Sauerstoff und eine günstige Temperatur.

Knorpel Ein elastisches, faserähnliches Material, das zum Beispiel in Gelenken als Stoßdämpfer fungiert und Reibung verhindert.

Kohlenhydrate In der Nahrung enthaltene Stoffe wie Zucker und Stärke, die dem Körper Energie liefern.

Luftröhre Der Kanal, der die Lungen mit Mund und Nase verbindet.

Nährstoffe Grundstoffe der Nahrungsmittel, die ein Organismus braucht, um wachsen und leben zu können. Der Menschen benötigt Eiweiß, Kohlenhydrate, Fette, Vitamine und Minerale.

Nephrone Mikroskopisch kleine Filtereinheiten in den Nieren, die dem Blut Abfallprodukte und überschüssiges Wasser entziehen.

Netzhaut (Retina) Eine aus lichtempfindlichen Zellen bestehende Haut im Augenhintergrund.

Neuron Eine Nervenzelle, die Botschaften aus dem Körper zum Gehirn und vom Gehirn in den Körper befördert.

Organ Ein aus verschiedenen Arten von Zellen bestehendes Gebilde, das im Körper eine bestimmte Aufgabe erfüllt. Organe sind zum Beispiel Magen, Schilddrüse und die Haut.

Organismus Bezeichnung für Lebewesen aller Art.

Peristaltik Wellenförmige Muskelbewegungen, mit denen in der Speiseröhre, im Magen und im Darm Nahrung voranbewegt wird.

Photosynthese Eine Prozess, bei dem grüne Pflanzen das Sonnenlicht als Energiequelle zur Umwandlung von Kohlendioxid und Wasser in Nährstoffe benutzen. Eine Chlorophyll genannte und in den Zellen enthaltene chemische Verbindung absorbiert das Sonnenlicht und setzt den Prozess in Gang.

Prokaryonten Einzellige Organismen ohne Zellkern. Bakterien sind Prokaryonten.

Proteine Eiweißverbindungen, über die alle Lebewesen verfügen und die viele wichtige Aufgaben erfüllen. Bei Menschen bilden sie zum Beispiel Enzyme, die chemische Prozesse in Gang setzen, und erzeugen andere Substanzen, die vor Krankheiten schützen. Proteine sind in Muskeln, Haut und Knorpel enthalten.

Protisten Organismen, die aus nur einer Zelle mit einem Zellkern bestehen.

Räuber Ein Tier, das Jagd auf andere Tiere macht.

Rückenmark Der dicke Nervenstrang, der vom Gehirn aus geht und durch die Wirbelsäule verläuft.

Sehne Ein kräftiger Strang aus Bindegewebe, der einen Muskel mit einem Knochen verbindet.

Speiseröhre (Ösophagus) Der Kanal, durch den Nahrung vom Mund in den Magen gelangt.

Spore Ein winziges Körnchen, das von Pilzen und Pflanzen wie Moosen und Farnen hervorgebracht wird und aus dem ein neuer Organismus entstehen kann.

Vene Ein Gefäß, das Blut ins Herz befördert, und zwar in der Regel sauerstoffarmes Blut. Nur in den Lungenvenen, die von den Lungen zum Herz führen, fließt mit frischem Sauerstoff angereichertes Blut.

Viren Mikroskopisch kleine Krankheitserreger, die sich nur in den Zellen eines lebenden Organismus vermehren können.

Vitamine Chemische Verbindungen, die der Körper (in kleinen Mengen) braucht, um richtig funktionieren zu können.

Wirbel Einer der Knochen, aus denen die Wirbelsäule (das Rückgrat) besteht.

Zelle Einer der winzigen „Bausteine", aus denen alle Gewebe von Lebewesen bestehen. Eine Zelle ist eine Art Fabrik, in der Eiweißverbindungen (Proteine) und andere Substanzen hergestellt werden.

Zotten Winzige, fingerähnliche Fortsätze. Das Innere des Dünndarms ist mit Zotten ausgekleidet.

Zwerchfell Die Muskelplatte, die den Brustkorb vom Bauchraum trennt.

REGISTER

Fett gedruckte Seitenzahlen verweisen auf Kapitel.